PETER MT. SHASTA

LADY MASTER PEARL

In Erinnerung an meine Lehrerin Pearl Dorris

Aus dem Amerikanischen
von
Reinhold Köglmeier

Bibliografische Information der Deutschen Nationalbibliothek:
Die Deutsche Nationalbibliothek verzeichnet diese Publikation in der
Deutschen Nationalbibliografie; detaillierte bibliografische Daten sind im
Internet über http://dnb.dnb.de abrufbar.

© 2016 Peter Mt. Shasta

petermtshasta@gmail.com
www.PeterMtShasta.com

Titel der Amerikanischen Originalausgabe:
Lady Master Pearl. My Teacher.
Übersetzung: Reinhold Köglmeier
Lektorat, Korrektorat: Susanne Meyer
Umschlaggestaltung: Susanne Meyer
Umschlagfoto: Pearl Dorris
Umschlagfoto, Rückseite: Peter Mt. Shasta im Hakone Gardens, Saratoga, California, 2014. Foto: Runa Gupta

Printed in Germany
Herstellung und Verlag:
BoD – Books on Demand, Norderstedt

ISBN 978-3-7431-1341-1

Dieses Buch ist den Schülern von Pearl gewidmet,
den vergangenen, heutigen und zukünftigen.

DANK

Ich möchte Reinhold Köglmeier und Susanne Meyer meinen Dank aussprechen, für ihr großmütiges Engagement, dieses Buch aus dem Englischen zu übersetzen und für deutsche Schüler des Lichtes verfügbar zu machen. Dann und wann gibt es Menschen wie sie, die hervortreten im Dienst für ihre Mitmenschen.

INHALTSVERZEICHNIS

ESOTERIK IM WESTEN 13
SAINT GERMAIN 17
DIE ICH BIN GEGENWART 19
VORWORT 21

1. Mädchen aus den Bergen 25
2. Eine geheimnisvolle Frau erscheint 29
3. Erste Arbeit, erster Mann 33
4. Gute Tat 37
5. Saint Germain erscheint 39
6. Einen Aufgestiegenen Meister erleben 43
7. Rettung einer Stadt und einer Brücke 47
8. Eine Bitte des Meisters 51
9. Den Zorn von Beloved Mama erweckt 55
10. Die Begegnung der Zwillingsstrahlen 59
11. Eine Meisterin zur Rettung 63
12. Pearl entfacht einen Feuersturm 67
13. Der Aufstieg von Godfre Ray King 71
14. Wer ist der nächste Sendbote? 75
15. Romanze, Heirat und Scheidung 85
16. Pearl und die Vereinten Nationen 91
17. Eine Rüge von Meisterin Leto 97
18. UFO-Besuch 101
19. Ruf zum Mount Shasta 105
20. Haight Ashbury 109

21. Zwei von den Meistern gesandte	113
22. Ich begegne Pearl	117
23. Wir rufen Saint Germain an	123
24. Die magische Schalttafel	133
25. Herausforderungen	137
26. Ein Beinahe-Aufstieg	145
27. Pearls Rat für Frauen	149
28. Du bist bereit	153
29. Eine innere Ehe	159
30. Pearl und Jerry	163
31. Schritt für Schritt steigen wir hinauf	167
32. Die Offenbarung von Bill	177
31. Pearls Aufstieg	179

NACHWORT	183
WEITERE BÜCHER VON PETER MT. SHASTA	185
LITERATURVERZEICHNIS	187

ABBILDUNGEN

Saint Germain	16
Pearl Dorris, ca. 1925	32
Guy und Edna Ballard in den 1930er Jahren	54
Virginia Gildersleeve unterzeichnet die UN-Charta, 1945	95
Zaun der Farm in Edgewood	108
Pearl und Jerry	111
Pearl mit Studenten, ca. 1980	115

Das Haus von Pearl und Jerry, 2014 121
Pearl in ihrem Garten in Mt. Shasta, 1975 131
Peter Mt. Shasta, ca. 1984 157
Jerome Dorris, ca. 1975 161

ESOTERIK IM WESTEN

Die großen Wesen, die einst auf der Erde lebten, und die sich durch große Opfer, Selbstreinigung und Meditation in eine höhere Dimension erhoben haben, sind heute als Aufgestiegene Meister bekannt.[1] 1875 inspirierten diese Meister Madame Helena Petrovna Blavatsky, die Theosophische Gesellschaft zu gründen, mit dem Ziel, die großen Geheimnisse der Evolution der Menschheit bekannt zu machen, die im Fernen Osten lange Zeit verborgen gewesen waren. Nach dem Tod von Madame Blavatsky wurde die Organisation unter der Leitung von Annie Besant, Henry Steel Olcott und William Quan Judge weitergeführt. Auch unter fortgesetzter Führung durch die Meister bleibt die Unmöglichkeit, Wahrheit einer höheren Dimension in zweidimensionalen Worten zu vermitteln, das heißt, es ist unvermeidlich, dass daraus Uneinigkeit erwächst. Viele Mitglieder zogen sich aufgrund dieser Unstimmigkeiten zurück und gründeten ihre eigenen Organisationen. Einige davon waren William Quan Judge, der die American Theosophical Society gründete, Alice Bailey gründete die Arcane School, Rudolph Steiner gründete die Anthroposophische Gesellschaft und Max Heindel die Rosicrucian Fellowship.

1914 brach Joseph S. Benner mit der theosophischen Tradition, die sich auf die Meister konzentrierte, und sprach in seinem Buch *The Impersonal Life*[*] über die Notwendigkeit, sich vorrangig vor Meistern und Gurus auf die eigene Gott-Gegenwart zu konzentrie-

---

[1] Die Bezeichnung Aufgestiegener Meister wurde wahrscheinlich von Baird T. Spalding um 1924 geprägt und von Godfre Ray King in den 1930er Jahren bekannt gemacht. Der Vorgang der bewussten Auflösung der physischen Form war in Tibet als *Jalus* seit langem bekannt. In diesem Moment verschmilzt die menschliche Seele, der höhere Mentalkörper, mit dem Regenbogenkörper, der ICH BIN-Gegenwart, oder, im Sanskrit, dem *Atman*.

[*] Joseph S. Benner, *Das unpersönliche Leben*, Verlag des Wahren-Schönen-Guten, 2015.

ren, und er lehrte, wie dieses Höhere Selbst durch Meditation über das ICH BIN angerufen werden kann.

1924 veröffentlichte Baird T. Spalding *Life and Teachings of the Masters of the Far East***, ein Roman, der das Verständnis des Christus-Bewusstseins als ein von der Person Jesus Christus unabhängig existierendes Bewusstsein populär machte, ein Bewusstsein, das durch Meditation über das ICH BIN angerufen werden konnte. Seine Bücher verbreiteten auch das Verständnis über die Aufgestiegenen Meister, deren Aktivität in der Literatur der Theosophischen Gesellschaft weitgehend verborgen geblieben war.

Jiddu Krishnamurti, der von Annie Besant und der Theosophischen Gesellschaft aufgezogen worden war, um der nächste Weltlehrer zu sein (eine Manifestation des Christus-Bewusstseins, bekannt als Maitreya), wandte sich 1929 von dieser Rolle ab und verkündete, dass die Menschen sich ihre eigene Erlösung selbst erarbeiten müssten, statt sich auf einen Lehrer zu verlassen. Er erklärte weiter, dass dieser Vorgang nur durch Selbstbeobachtung der eigenen Person in Beziehung zu anderen erlangt werden könne. Seine Abkehr von der Autorität der Gesellschaft warf diese in ein Chaos, und machte so den Weg frei für das aufkommende Neue Zeitalter der individuellen Selbst-Wahrnehmung.

In den 1920er Jahren waren Guy und Edna Ballard (Godfre und Lotus Ray King) Schüler der oben erwähnten William Quan Judge und Baird Spalding, und erwarben sich bei ihnen ein erstes fundiertes Verständnis der Meister und des ICH BIN.

1928 veröffentlichte Manly P. Hall sein monumentales Buch *The Secret Teachings of all Ages,* welches zum ersten Mal viele der alten

---

** Baird T. Spalding, Leben und Lehren der Meister im Fernen Osten, Bd. 1-5, Schirner, 2011 (Bd. 1-3), 2004 (Bd. 4-5).

Mysterien in einer Sprache erklärte, die Nichteingeweihte verstehen konnten.[2]

1929 erschien der Aufgestiegene Meister Saint Germain Guy Ballard an den Berghängen von Mount Shasta und begann damit, ihm unmittelbare Führung und Unterweisung zu geben. Bald darauf gründeten die Ballards die Saint Germain Foundation. Später benutzten sie die Namen Godfre und Lotus Ray King.

In den 1930er Jahren wurde Pearl Doris Schülerin von Guy Ballard und später seine Mitarbeiterin und Assistentin. Saint Germain ernannte sie zur Direktorin des I AM Sanctuary, des ICH BIN Sanktuariums von San Francisco.

---

[2] Pearl begegnete Manly P. Hall bei seiner Philosophical Research Society in Los Angeles. Als er Pearl bei einem seiner Vorträge in der vordersten Reihe sitzen sah, gab er das vorgesehene Thema auf, und während er ihr in die Augen schaute, sagte er, „Heute Abend werde ich über Saint Germain sprechen."

Saint Germain
in der Erscheinung seines ätherischen Körpers

SAINT GERMAIN

„Saint Germain" ist der gegenwärtig verwendete Name des Großen Freundes der Menschheit, der für ihren Aufstieg durch viele Zeitalter hindurch unermüdlich gewirkt hat. Im 18. Jahrhundert begann er in vielen Teilen Europas in Erscheinung zu treten, wobei er neben Graf von Saint Germain verschiedene andere Namen verwendete, wie Graf Ragoczy, Graf Soltikoff und Graf Weldone, je nachdem, welche Arbeit zu verrichten war. Er war den Mitgliedern der Königshäuser und der Intelligenz wohlbekannt, und sein Erscheinen, das bisweilen an weit auseinanderliegenden Orten wie Sankt Petersburg und Paris gleichzeitig stattfand, findet sich in den Tagebüchern vieler Zeitzeugen aufgezeichnet. Über einen Zeitraum von einhundert Jahren schien er stets ein gutaussehender junger Mann zu sein, einfach, doch elegant gekleidet, und in Besitz großer Reichtümer. Niemand sah ihn jemals essen oder trinken, und es war bekannt, dass er spurlos verschwinden konnte, wenn es ihm passend erschien.

Im ausgehenden 19. Jahrhundert, während der frühen Jahre der Theosophischen Gesellschaft, begann er seinen erhöhenden Einfluss wieder geltend zu machen und er fährt damit fort, die Entfaltung der neuen Rasse fortgeschrittener Wesen zu lenken, und übermittelt tatkräftig die alte Weisheit in einer moderneren Form, an alle, die dafür empfänglich sind.

Saint Germains große Liebe gilt der Förderung des Verständnisses der ICH BIN Gegenwart.

DIE ICH BIN GEGENWART

Die ICH BIN-Gegenwart ist die individualisierte Gott-Gegenwart, aus der jede Person hervorgeht. In Indien wird Sie *Atman* genannt, oder von den Buddhisten *Dharmakaya*, oder von den Esoterikern *Monade*; Sie ist die Sonnenartige Individuelle Quelle, die einen Strom von Lebenskraft in den physischen Körper projiziert. Sie belebt das Herz, die Lunge, den Verstand und das Nervensystem. Wenngleich Sie durch das erfahrbare Gefühl, das Sie in der Brust hervorruft, oft das Herzzentrum genannt wird, ist Sie tatsächlich nahe der Thymusdrüse, hinter dem Brustbein verankert. Diese Gegenwart ist eine Flamme vergleichbar der Zündflamme eines Gasofens, Sie ist unsichtbar, bis Sie aktiviert wird. Sie ist das Zentrum des Selbst, entweder des niederen Selbst oder des Göttlichen Selbst, je nachdem, womit Sie qualifiziert ist. Die individuelle ICH BIN-Gegenwart ist ein Teil von Gott – all das, was Gott ist, ist Sie auch. Wenn man Ihre Gegenwart fühlt und die Worte „ICH BIN" sagt, ruft man Sie zum Handeln auf und qualifiziert Sie mit den Gedanken, Gefühlen oder Worten, die man im Bewusstsein hat.

VORWORT

Om mani Padme Hung
(Das Juwel im Herzen des Lotus)
– Mantra von *Chenrezig* (Tibetisch, Herr des Mitgefühls)

Sie machte den Eindruck einer gewöhnlichen Frau, als sei sie nur eine betagte Großmutter, doch Menschen aus der ganzen Welt kamen, um bei dieser Frau in ihrem Wohnzimmer zu sitzen. Pearl Doris war in den 1930er Jahren eine Mitarbeiterin von Guy Ballard gewesen, aber statt damit fortzufahren, die alten esoterischen Lehren der Meister dogmatisch zu lehren, wie es seit den Tagen der Theosophischen Gesellschaft üblich war, vermittelte sie die Wirklichkeit Gottes unmittelbar von Herz zu Herz. Mit dem so erhöhten Bewusstsein war man in der Lage, die Gegenwart der Aufgestiegenen Meister zu fühlen und, durch ihr Beispiel, zu lernen, wie man mit Ihnen zusammenarbeitet. Im Jahr 1972 begannen urplötzlich viele Menschen an ihrer Tür zu erscheinen, die nur durch Mundpropaganda von ihr gehört hatten. Damals gab es kein Internet, doch in den folgenden achtzehn Jahren bis zu ihrem Tod 1990, kamen über zwölftausend Menschen, um sie in Mount Shasta zu besuchen und zu ihrer eigenen Göttlichkeit zu erwachen.

Sie wohnte am Ende der Straße in einem kleinen Haus, verborgen hinter einer dichten Hecke. Sie wollte nie eine Lehrerin sein, und hier lebten sie und ihr Ehemann in Frieden und Abgeschiedenheit. Ungeachtet ihrer persönlichen Wünsche begannen die Meister, Menschen zu ihr zu schicken, und erwarteten von ihr, dass sie als Ihre Beauftragte handelte. In ihrer Gegenwart konnten die Menschen die Energie dieser Meister fühlen – welche viele von ihnen in das Bewusstsein der ICH BIN-Gegenwart erhöhten – und sie waren danach nie mehr dieselben.

Sie hatte in ihrem Herzen dieses Juwel eines erleuchteten Bewusstseins, das in der Christlichen Literatur *Die Köstliche Perle* genannt wird. Im fernen Osten wird es *das Juwel im Lotus* genannt. Zusätzlich hatte sie die Fähigkeit, dieses Bewusstsein zu übertragen. Um diese Übertragung zu erhalten, spürten die Menschen sie auf, oft kamen sie schon morgens um 8 Uhr, und die letzten gingen um 22 Uhr. Keine Bitte war zu gering, ob jemand Kontakt zu den Meistern suchte, oder Hilfe in einer Beziehung brauchte, wie eine Mutter war sie immer da. Wenngleich sie nichts verlangte für das, was sie tat, so fand sie manchmal in die Seiten von Büchern eingeschobene Schecks. Die Menschen brachten ihr auch Blumen, Kristalle und andere Zeichen ihrer Anerkennung. Zur finanziellen Unterstützung arbeitete ihr Ehemann Jerry an der Rezeption eines Motels am Ort.

Ich schreibe nun über Pearl in der Hoffnung, dass andere von ihrer Geschichte inspiriert werden mögen und das gleiche Wissen von der Inneren Gegenwart erhalten, das mir gewährt wurde. Der Aufgestiegene Meister Saint Germain sandte mich 1973 zu ihr. Ich war gerade von Reisen in den Fernen Osten zurückgekommen und war nördlich von San Francisco in den Red Wood-Forst Muir Woods gegangen, um Antworten zu erhalten. Hier war es, wo dieses wunderbare Wesen, Saint Germain, in physischer Form vor mir erschien und mich nach Mount Shasta sandte, um bei Pearl zu studieren.

Zum Schutz der Privatsphäre habe ich die Namen vieler Menschen geändert, die ich erwähne.

Nur selten findet man ein Wesen wie Pearl. Sie sprach nicht nur über spirituelle Wahrheiten, sondern übertrug deren Essenz. Ihre Arbeit bewirkte eine Umkehr im Leben der Menschen, die sie trafen, und einen Evolutionssprung in der esoterischen Tradition des Westens. Anstatt als Guru aufzutreten, oder Wesen von einer höheren Dimension zu channeln, war sie ein Durchschnittsmensch, die mitten im Alltagsleben im Bewusstsein ihres Höheren Selbst lebte. Erstmals wurde in Amerika, durch Pearl, die Erfahrung des Inneren

Gottes unmittelbar übertragen und die esoterischen Lehren nicht intellektuell vermittelt, wie es zuvor in so vielen Zeitaltern getan wurde.

KAPITEL 1

MÄDCHEN AUS DEN BERGEN

Pearl wuchs als Freigeist auf, in der Freiheit der Rocky Mountains. Sie wurde am 20. Oktober 1905 in der Kleinstadt Laporte geboren, die sich sechs Meilen westlich von Fort Collins in Colorado in das Tal von Cache La Poudre River Valley schmiegt. Sie war das letzte von sechs Kindern von Alice Permale Wingters und William Curtis Hock, sie hatte vier Brüder und eine Schwester. Die Eltern waren Farmer und bauten Zuckerrüben an, und wenn sie nicht in der Schule war, fütterte sie die Hühner, oder holte Anzündholz für den Holzofen. Wenn sie frei hatte, streifte sie in den Bergen umher mit ihrem geliebten Hund Queeny, einer Kreuzung aus schottischem und deutschem Schäferhund. Sie wusste es damals noch nicht, aber ihr Bauernhaus lag nicht weit entfernt von der Höhle der Symbole, dem Retreat der Aufgestiegenen Meister, von dem in *Unveiled Mysteries** die Rede ist. Das stellte sich heraus, als sie Jahre später dem Verfasser des Buches, Godfre Ray King begegnete. Unter seiner Führung sollte sie der Meister Saint Germain eines Tages zur Leiterin des San Francisco I AM Sanctuary ernennen.

Ihr Bauernhaus in den Bergen hatte keine Isolierung, und in den Winternächten wurde sie mit einem in ein Tuch gewickelten heißen Ziegelstein ins Bett geschickt, den sie in ihrem Bett ans Fußende legte. In einem Winter bekam sie eine Ohrenentzündung, und nachdem sie einige Tage lang hohes Fieber hatte, stellte sie fest, dass sie einen großen Teil ihres Hörvermögens verloren hatte. Wegen dieses Leidens, das viele Missverständnisse verursachte, fühlte sie sich minderwertig, als wäre sie für irgendeine Schuld bestraft worden. Sie hatte zwar das Lippenlesen gelernt, konnte Menschen aber

---

* Godfre Ray King, *Enthüllte Geheimnisse*, Starczewski, 1993.

nicht verstehen, wenn sie ihr nicht zugewandt waren. Diese Unfähigkeit, sich mit anderen zu unterhalten, ließ sie ihre Aufmerksamkeit nach innen richten, und sie lernte mit ihrem Höheren Selbst zu kommunizieren und bekam Antworten. Diese Fähigkeit, Antworten von ihrem Gott-Selbst zu erhalten, schockierte andere bisweilen und gab ihr den Ruf, seherische Fähigkeiten zu besitzen.

Bald nachdem ihre Brüder und die Schwester das Elternhaus verlassen hatten, starb ihre Mutter. So blieb sie im Alter von vierzehn Jahren mit ihrem Vater alleine auf der Ranch zurück. Eines Tages verkaufte er plötzlich die Farm, ohne mit ihr darüber gesprochen zu haben, und brachte Pearl nach Riverside in Kalifornien, in der Nähe von Los Angeles, wo sie leben sollte. Noch immer in Trauer über den Verlust der Mutter, wurde sie zusätzlich dem Schmerz ausgesetzt, die Ruhe und den Frieden der Berge zu verlassen. Dann sagte man ihr, dass sie auch Queenie zurücklassen müsse. Als sie in den mit Menschen überfüllten Ebenen Südkaliforniens ankam, erlitt sie einen Schock und verlor das Bewusstsein. Sie lag sieben Tage lang im Koma, und da die Ärzte sie nicht wiederbeleben konnten, dachte man, sie würde sterben. Jedoch während dieser sieben Tage, da ihr Körper regungslos war, war sie außerhalb ihres Körpers bewusst, und von den Meistern wurden ihr viele ihrer früheren Leben gezeigt.

Sie sah, dass sie in einem Leben bei einer Mission versagt hatte, die ihr von den Meistern aufgetragen worden war, und dass ihr gegenwärtiges Gefühl der Minderwertigkeit nicht so sehr vom Gehörverlust herrührte, sondern von ihrer Unfolgsamkeit in diesem früheren Leben. Sie sah, dass sie als Priesterin in einem Atlantischen Tempel dafür verantwortlich gewesen war, junge Frauen Tugendhaftigkeit und Vervollkommnung zu lehren. Sie verliebte sich in einen der Wächter, von dem sie nicht wusste, dass er ihr Zwillingsstrahl war.[3] Als entdeckt wurde, dass sie ihr Gelübde auf das Zölibat

---

[3] Zwillingsstrahlen sind die dualen Aspekte einer Gott-Flamme, die sich in den weiblichen und männlichen Aspekt aufgeteilt hat, um bestimmte Lektionen

gebrochen hatten, führte der daraus resultierende Skandal zum Zusammenbruch des Tempels. Diese Zivilisation, dessen östliche Grenze im Gebiet des heutigen San Francisco lag, wurde von einem großen Erdbeben beendet.

In einem nicht so lange zurückliegenden Leben begegnete sie ihrem Zwillingsstrahl wieder, in Amerika im achtzehnten Jahrhundert, und verliebte sich erneut in ihn. Als er eine andere Frau heiratete, starb sie an gebrochenem Herzen, wieder im Alter von vierzehn Jahren. Da sie jetzt im gleichen Alter war, hatte sie die Wahl, ihren Körper wieder zu verlassen, oder dazubleiben, um diese karmische Wunde zu heilen und sich zu erlösen. Sie konnte wieder ein spirituelles Leuchtfeuer werden und Befreiung, Meisterschaft und den Aufstieg erlangen.

Da sie sich entschieden hatte zu bleiben, wurde ihr die Bedeutung ihres Namens Pearl gezeigt, der sie immer an ihre Lehre erinnern würde. Sie war wie eine Muschel, die versuchte, sich vor einem störenden Sandkorn zu schützen, indem sie eine Flüssigkeit um das Sandkorn herum ausschied und schließlich eine Perle bildete. Die Flüssigkeit war die Liebe, die sie benötigte, um die Irritation ihrer vergangenen Fehlschläge zu umschließen und zu heilen, und das würde zu einer Perle werden. Diese Perle war es, die die Menschen spürten – das Juwel im Lotus – die sie befähigte, ihre eigenen Herzen zu heilen.

---

im Leben zu lernen. Sobald die menschliche Entwicklung vollendet ist, können sich diese zwei Aspekte wieder vereinigen. Nicht alle Wesen erfahren diese Trennung. Es bringt nichts, seinen Zwillingsstrahl zu suchen, da die erste Arbeit darin besteht, sich selbst zu reinigen und sich des eigenen Strahls der ICH BIN-Gegenwart bewusst zu werden. Seelenpartner sind Wesen, die in vergangenen Leben zusammengearbeitet haben, sie sind nicht notwendigerweise Zwillingsstrahlen.

Kapitel 2

Eine geheimnisvolle Frau erscheint

Die erste spirituelle Lehre, die sie erhielt, kam in Form eines geheimnisvollen Erscheinens eines Buches während ihres letzten Jahres in der Highschool. Sie hatte begonnen Autofahren zu lernen. Eines Tages trat sie nicht rechtzeitig auf die Kupplung und das Auto stieß in die hintere Garagenwand. Als sie ausstieg, um nachzusehen, ob sie etwas kaputt gemacht hatte, bemerkte sie ein Buch oben in den Dachsparren. Das war merkwürdig, da sie keine Bücher mitgebracht hatten. Sie holte eine Leiter und sah, dass es ein Buch von Christian D. Larson war, *Your Forces and How to Use them*.[4] Sie schlug es auf und las,

Das „ICH BIN" ist das herrschende Prinzip im Menschen, das Zentrum und die Quelle der Individualität, der Urheber von allem, was sich im Menschen abspielt, und dieses ursprüngliche Etwas, dem alle anderen Dinge in der menschlichen Natur untergeordnet sind.

Sie nahm das Buch mit hinein, und als sie es las, stellte sie fest, dass es im Einklang war mit dem, was sie bereits selbst entdeckt hatte, dass es eine Gegenwart in einem gab, bekannt als „ICH BIN", und dass Wunder geschehen, wenn man mit dieser Kraft und diesem Bewusstsein in Kontakt ist. Schon als junges Mädchen in den Rocky Mountains hatte sie entdeckt, dass sie, wenn sie ihre Aufmerksamkeit nach innen richtete, oft die Zukunft sehen konnte und wusste, was die Leute dachten, und sie konnte mit Tieren kommunizieren. Die Bauern ließen sich oft von ihr beraten, da sie wusste, wann das Wetter umschlägt und wann sie ihre Ernte ein-

---

[4] Christian D. Larson, *Your Forces and How to Use them*, The new Literature Publishing Company, 1912.

bringen sollten. Jedes Mal, wenn sie ihre Aufmerksamkeit nach innen wandte, konnte sie diese Gegenwart in der Mitte ihrer Brust antworten fühlen. Larson sagte, das sei Gott, und sie fing an, über diese Gegenwart zu meditieren, ohne irgendjemandem etwas davon mitzuteilen.

Pearl absolvierte die Riverside High School, und zog dann 1924 nach Los Angeles. Ihr Wunsch war es, die spirituellen Studien fortzusetzen, aber da sie einen Lebensunterhalt verdienen musste, entschloss sie sich, Sekretärin zu werden, und meldete sich beim Hills Business College an. Nach dem Unterricht jedoch ging sie zur L.A. County Library und suchte weitere spirituelle Bücher. Eines Tages durchstöberte sie die Regale, als eine schöne Frau auf sie zukam und ein Buch in das Regal neben ihr stellte. Sie nickte auf es hinunter und kommunizierte telepathisch, „Ich glaube, das ist das Buch, wonach Sie suchen."

Als sie es in die Hand nahm, sah sie, dass es ein weiteres Buch von Christian Larson war. Sie wollte der Frau gerade dafür danken, dass sie es ihr gezeigt hatte, aber die Frau war verschwunden. Sie schlug das Buch auf und las,

Wenn wir einmal in der Himmelspforte zur kosmischen Welt gestanden haben, wenn auch nur für einen Augenblick, ist das Leben nicht mehr dasselbe; das Leben ist nicht mehr nur bloße Existenz, sondern ein heiliges Etwas, das wir für zu kostbar halten, um es in Worte zu fassen.

Du solltest nicht als ein Körper handeln, nicht als eine Persönlichkeit, nicht als ein Verstand, sondern als „ICH BIN", und je vollständiger du die erhabene Stellung des „ICH BIN" erkennst, desto größer wird deine Macht, alle anderen Dinge, die du besitzen magst, zu kontrollieren und zu lenken.[5]

---

[5] Christian D. Larson, *On the Heights,* The Progress Company, 1908.

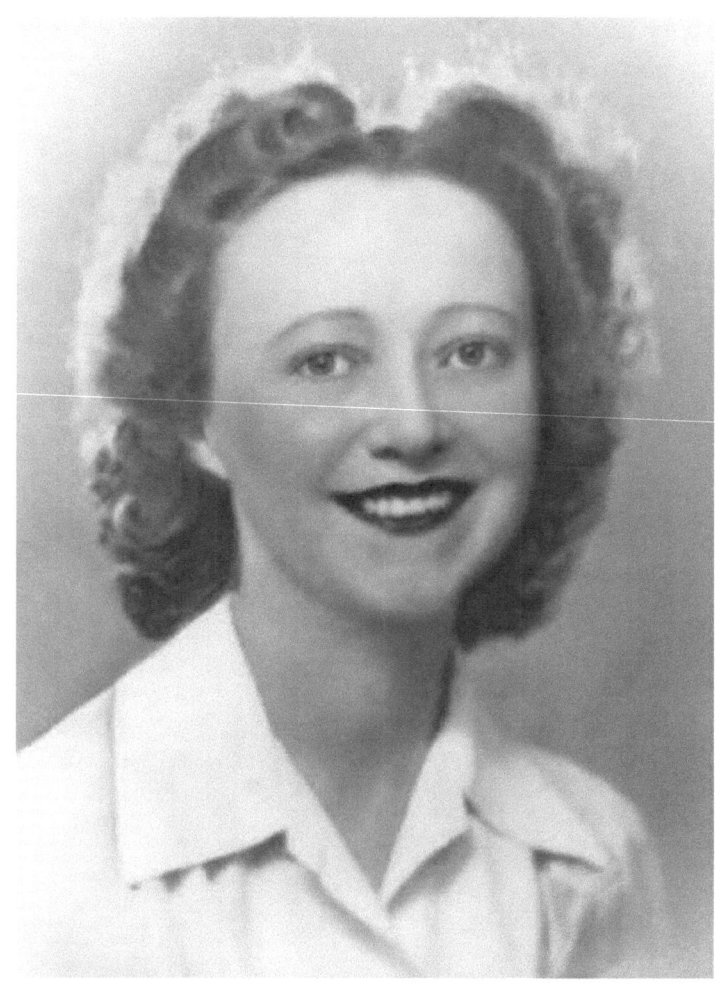

Pearl Doris, ca. 1925

Kapitel 3

Erste Arbeit, erster Mann

Pearl las die Bücher von Larson weiter und wandte seine Lehren an. Ihre Aufmerksamkeit ging mehr und mehr nach innen, auf die Gottflamme nahe ihrem Herzen, dennoch konnte sie 1935 am Business College ihr Examen machen. Auf der Suche nach Arbeit und gerade in der Lage, die Busfahrkarte zu zahlen, begab sie sich nach San Franzisco. Sie ging die Hügel rauf und runter, klapperte alle Büros ab, aber niemand stellte sie ein. Die Dinge verschlimmerten sich, als sie in einem Treppenaufgang stolperte und sich ihren großen Zeh verletzte. Verzweifelt setzte sie sich auf die Stufen und wandte ihre Aufmerksamkeit nach innen. Sie betete zu ihrem Höheren Selbst um Hilfe,

Geliebte ICH BIN-Gegenwart, trete hervor!

Als sie dann auf die Straße humpelte, sah sie, dass sie vor einer Arztpraxis stand, und sie dachte, „Vielleicht brauchen sie eine Sekretärin?"

Die Frau des Arztes, die das Büro leitete, sagte, sie bräuchten niemanden. Pearl drehte sich um, um fortzugehen, und als sie zu Tür humpelte, fragte die Frau, was ihr fehle. Pearl erzählte es ihr und sie bot ihr an, den Arzt zu sehen.

„Aber ich habe kein Geld", gestand Pearl.

Die Frau lächelte und war von Pearls Einfachheit berührt. „Machen Sie sich darüber keine Sorgen."

Der Arzt sah sofort, dass der Zeh gebrochen war und legte eine Schiene an.

Jedoch als sie sahen, dass Pearl kaum gehen konnte, sagten sie, „Sie kommen besser mit uns nach Hause. Wir haben ein Gästezimmer. Wir brauchen keine Sekretärin, aber wir haben ein Nebengeschäft und verkaufen Coldcreme. Sie könnten das Zimmer bezahlen, indem Sie die Coldcreme in Gläser abfüllen. Möchten Sie das tun?"

„Oh ja", willigte Pearl ein, da sie nicht einmal mehr Geld für die nächste Mahlzeit hatte. Ihr Angebot schien die Erhörung ihres Gebetes zu sein. Sie fühlte, dass sie sich den Zeh wegen ihrer Eigensinnigkeit gestoßen hatte und ihr gezeigt worden war, dass sie sich zu sehr auf ihren menschlichen Willen verlassen hatte. Erst nachdem sie sich verletzt und sich dem Göttlichen übergeben hatte, wurde der Plan enthüllt. Der Arzt und seine Frau waren nett zu ihr. Die Arbeit erforderte nicht viel ihrer Zeit, und sie fand bald eine zweite Arbeitsstelle als Schreibkraft bei der F. W. Woolworth & Company.

Eines Tages bestellte ihr Chef sie in sein Büro und bat sie, die Tür hinter sich zu schließen. Als sie ihn von der Anstrengung seiner Arbeit leiden sah, sandte ihm Pearl Liebe und umfing ihn mit Licht. Seitdem sie die Bücher von Christian Larson gelesen und gelernt hatte, dass Liebe die erhaltende Kraft im Universum war, versuchte sie, diese Liebe an alle auszustrahlen. Nun war sie jedoch nicht darauf vorbereitet, wie diese Liebe auf sie zurückkommen würde.

Ihr Chef sagte, sie solle sich neben ihm setzen, um ein Diktat in Kurzschrift aufzunehmen, aber sobald er anfing zu diktieren, legte er seine Hand auf ihr Knie. Als sie sie beiseiteschob, legte er sie wieder darauf. Schließlich stand sie auf, zeigte mit dem Finger auf ihn und sagte, „Rühren sie mich nie wieder an".

Als sie zu ihrem Schreibtisch zurückging, erkannte sie, dass sie mit dieser Liebe zurückhaltender sein und lernen musste, sie gelegentlich für sich zu behalten. Besonders im Umgang mit Männern fand sie, dass Liebe oft sexuell ausgelegt wurde, statt als natürlicher Ausdruck von Göttlichkeit.

Pearl sollte jedoch bald mit einem Mann zusammengeführt werden, dem gegenüber sie ihre Liebe auf allen Ebenen zum Ausdruck bringen konnte. Als sie sich an ihren neuen Zeitplan gewöhnt hatte, beschloss sie, am Abend Tanzstunden zu nehmen. An einem Abend fühlte sie sich sofort zu einem jungen Mann namens Sidney hingezogen. Da sie in diesem Sommer miteinander ausgingen, wurden die Bande fester, und da sie sich füreinander bestimmt fühlten, heirateten sie bald. Nach ihrer Hochzeitsreise zum Russian River, nahmen sie zusammen eine Wohnung. Er arbeitete im Familienbetrieb für Obst und Gemüse und sie arbeitete weiterhin bei F. W. Woolworth. Schließlich fühlte sie, als normales menschliches Wesen auf der Erde wirklich angekommen zu sein, mit einem Arbeitsplatz und einem liebenden Ehepartner. Die Meister sollten jedoch bald ihre Sicht auf die wahre Bestimmung ihres Lebens erweitern.

Kapitel 4

Gute Tat

Da es die Zeit der Wirtschaftskrise war, und sich viele obdachlose Menschen in den Straßen fanden, begannen Pearl und eine ihrer Freundinnen, Gemüse an kostenlose Suppenküchen zu liefern. Sie entdeckte, dass es ihr mehr Freude bereitete, anderen zu helfen, als Dinge für sich selbst zu tun, und sie verbrachte immer mehr Zeit damit, ehrenamtlich zu helfen, wo es nötig war. Manchmal dehnte sich dieser Dienst auf Tiere, und einmal sogar auf eine Pflanze aus.

Als sie eines Tages nach Hause ging, fand sie eine Blume, die in einer Spalte im Gehweg wuchs. Mit so wenig Erde für ihre Wurzeln und in ständiger Gefahr, zertreten zu werden, wusste sie, dass diese nicht lange leben würde. Am nächsten Tag kam sie mit einer Kelle und einem Blumentopf zurück und grub sie aus. Sie nahm sie im Blumentopf mit nach Hause und stellte sie auf ihren Schreibtisch unter dem Fenster, wo sie viel Licht bekommen würde, und sie nannte sie ‚Gute Tat'. Sie goss sie jeden Tag und sagte, „Ich liebe dich, Gute Tat", und die Pflanze wuchs kräftig und wurde stark.

Einige Wochen später kam sie von einem schweren Arbeitstag nach Hause und hatte rasende Kopfschmerzen. Sie brach über ihrem Schreibtisch zusammen und legte ihren Kopf auf ihre Arme. Als sie so dalag und sie sich mehr tot als lebendig fühlte, spürte sie, wie eine schmerzlindernde Energie in sie einströmte, und sie begann sich besser zu fühlen. Schließlich hob sie ihren Kopf und sah die Quelle der Energie, vor ihr stand die Pflanze. Sie starrte sie für einen Augenblick ungläubig an und dachte, „Pflanzen können nicht heilen".

Sie fühlte jedoch weiterhin Liebe von dieser Pflanze ausstrahlen. Schließlich fragte sie sie, „Warst du das, die mich heilte?"

„Ja", fühlte sie die Pflanze in ihrem Inneren antworten, „Ich bin deine Gute Tat, die zu dir zurückkommt."

KAPITEL 5

SAINT GERMAIN ERSCHEINT

Pearl hatte gerade ihre Meditation beendet, saß in ihrem Bett und schaute durch das geschlossene Fenster, als eine weiße Taube an der Fensterscheibe erschien. Sie schaute aufmerksam zu ihr herein, und Pearl dachte, „Das ist sonderbar, was will denn diese Taube?"

Als wäre es die Antwort auf ihre Frage, flog die Taube, die sie für einen gewöhnlichen Vogel hielt, durch die Scheibe des geschlossenen Fensters und setzte sich auf ihre Schulter. Sie pickte an ihr Ohrläppchen, als wollte sie ihr etwas zuflüstern und sagte dann, „Du wirst einer Frau begegnen, und sie wird dir etwas wichtiges zu zeigen haben". Dann pickte der Vogel an ihre Lippen, wie zum Abschiedskuss, und flog wieder zum Fenster hinaus.

Es war der zwanzigste Februar 1935, und Pearl sollte bald dem Meister begegnen, der sie in das Bewusstsein ihres eigenen Höheren Selbst erhöhen und sie für ihre Mission vorbereiten würde. Den Vogel als seinen Sendboten zu benutzen, war seine humorvolle Art, ihr mitzuteilen, „Aufgepasst!"

Zwei Tage später, an George Washingtons Geburtstag, wurde sie von Mabel Farington Gifford, einer bekannten Sprachtherapeutin und Lehrerin für Metaphysik eingeladen, aufs Land zu fahren, um ihren ärztlichen Freund und seine Frau zu besuchen, die sich ihrer angenommen hatten, als sie nach San Francisco gekommen war. Während der Fahrt nach Norden saß Pearl alleine auf der Rückbank, als plötzlich dieselbe Taube am geschlossenen Fenster des Autos erschien, durch es hindurchflog und sie wieder an die Wange pickte.

„Das ist die besagte Dame!", sagte die Taube und verschwand dann.

In diesem Augenblick drehte sich Mrs. Gifford um und lächelte. Als sie die Hütte erreichten, sagte Mrs. Gifford, „Pearl, ich muss Ihnen etwas zeigen." Sie bat Pearl, sich an den Tisch zu setzen, und legte ein schönes grünes Buch vor ihr hin. Der in Gold geprägte Titel war *Unveiled Mysteries*.[6] Als sie es öffnete, schlug sie die Abbildung des Aufgestiegenen Meisters Saint Germain auf, und sie erschrak.

„Oh Gott, den kenne ich!", stieß sie hervor.

„Das kann nicht sein, meine Liebe", sagte Mrs. Farrington, „Er ist seit dem siebzehnten Jahrhundert tot."

„Aber ich kenne diesen Mann dennoch!", beharrte Pearl. Als sie wieder auf das Bild schaute, kam das Gesicht von Saint Germain aus der Seite heraus, wurde lebendig und zwinkerte ihr zu. Im Inneren hörte sie, „Sag nichts, unsere Arbeit fängt gerade an. Wir werden uns bald wiedersehen."

Nicht lange danach kam Guy Ballard, der Autor von *Unveiled Mysteries*, nach San Franzisco, um Vorträge zu halten. Man kannte ihn auch unter dem Pseudonym Godfre Ray King, und er war der Gründer der Saint Germain Foundation. Erpicht darauf, ihm zu begegnen, betraten Pearl und Sydney den Zuhörerraum. Kaum waren sie hereingekommen, als zwei Frauen auf Pearl zukamen und sagten, „Oh, meine Liebe, Sie sehen aus wie ein Engel. Sie sind die Art von Person, die wir suchen, um das Licht zu tragen. Wollen Sie uns nicht helfen, diese Broschüren zu verteilen?"

Da sie immer Möglichkeiten suchte, wie sie helfen konnte, nahm sie gerne einen Packen dieser Broschüren und fing an, sie ankommenden Leuten auszuhändigen. Bald kam Godfre auf die Bühne, und als er zu sprechen begann, erfüllten eine starke Energie und Bewusstsein den Raum. In diesem Augenblick wusste sie, dass dies

---

[6] *Enthüllte Geheimnisse*, a.a.O.

ihr Lehrer war. Wenngleich seine Worte von großer Einfachheit waren, so hatten sie ein Macht, die sie nie vorher erlebt hatte.

Seine Botschaft war, *worauf man seine Aufmerksamkeit richtet, zu dem wird man. Wenn man seine Aufmerksamkeit auf das Licht richtet, wird man Licht. Wenn man seine Aufmerksamkeit auf Liebe richtet, wird man Liebe. Durch die eigenen Gedanken, Worte und Gefühle lenkt man seine Aufmerksamkeit; und durch den Befehl „ICH BIN", ruft man sein eigenes Gott-Bewusstsein hervor, das ins Leben zu bringen, was man gedacht hat. Wenn Gedanke und Gefühl vereinigt sind, manifestiert sich das gesprochene Wort als Realität. In gleicher Weise kann man die großen Meister anrufen, einfach indem man die Aufmerksamkeit auf sie richtet und sagt, „ICH BIN die Gegenwart von Meister ..."*

Als sie an diesem Abend in ihre Wohnung zurückkam, beschloss sie auszuprobieren, was Godfre gelehrt hatte. Sie wollte versuchen, einen Meister anzurufen. Sie stellte sich mit ausgestreckten Armen im Zimmer auf und sprach,

„ICH BIN die Gegenwart von Jesus Christus!"

Plötzlich schien ein lebendiger, atmender Mann mit ausgestreckten Armen vor ihr zu stehen. Sie rannte erschrocken in das Schlafzimmer und sperrte die Tür ab. Sie rief eine Frau an, der sie bei der Saint Germain Foundation begegnet war, und sagte, „Da ist ein Mann in meiner Wohnung!"

„Wie kam er herein?", fragte die Frau skeptisch.

Nachdem Pearl erklärte, was sie getan hatte, sagte die Frau, „Schauen Sie nach, ob er immer noch da ist. Wenn Sie in einer Minute nicht zurück sind, werde ich die Polizei rufen."

Pearl schaute in der ganzen Wohnung nach, aber es war niemand da. In diesem Augenblick erkannte sie die Macht ihrer Aufmerksamkeit, Dinge zur Manifestation zu bringen, aber sie erkannte auch, dass sie große Angst hatte, die sie auflösen musste, bevor sie mit den Meistern arbeiten konnte.

Jahre später in Mount Shasta lächelte sie, wenn ihr die Leute ihre Geschichten erzählten, wie ihnen ein Meister erschienen war und sie die Angst erfasste. „Deshalb erscheinen sie nicht öfters", sagte sie dann, „denn die meisten Menschen sind für eine solche Energie nicht vorbereitet. Ihr Erscheinen verstärkt alles in eurer Welt, also bevor ihr in ihrer Gegenwart sein könnt, müsst ihr euch zuerst reinigen."

Kapitel 6

Einen Aufgestiegenen Meister Erleben

Sobald Pearl die Energie der Aufgestiegenen Meister gespürt hatte, die den Raum erfüllte, während Godfre sprach, war sie von deren Wirklichkeit felsenfest überzeugt und wollte so viel wie möglich Teil dieser Aktivität sein. An diesem ersten Abend zog sie die Aufmerksamkeit der Ballards auf sich, wegen ihrer Reinheit und Unschuld, die sie ausstrahlte. Sie wurden für sie wie eine Familie, und sie fing an, Godfres Lehren zu organisieren und präsentieren zu helfen, wann immer es möglich war.

Diese waren nicht inspirierende Channelings von jemandem, der versuchte, die Botschaft eines bestimmten Wesens zu übermitteln, von dem er glaubte, dass er sie gäbe, sondern es waren tatsächliche, von verschiedenen Aufgestiegenen Meistern veranlasste Erscheinungen. Godfre wusste nicht, wer, oder ob überhaupt einer hervorkommen würde. Wenn die Zeit gekommen war, zu den Zuhörern zu sprechen, begann er die Energie eines bestimmten Meisters zu fühlen, die sich verstärkte, wenn er anfing zu sprechen. Dann begann der Meister, Godfre seine Gedanken aufzuprägen, bis sie im Bewusstsein eins waren. Gleichzeitig luden sie ihr Bewusstsein in die Höheren Mental-Körper eines jeden Anwesenden. Wenngleich die Botschaft oft einfach war, so war die spirituelle Strahlung, die den Raum erfüllte, eine transzendente Ausströmung, die jeden in das Bewusstsein eines Aufgestiegenen Meisters erhob.

Eines Abends nach einem Diskurs von Mighty Victory blieb Pearl da, um alles wegzuräumen, nachdem alle anderen das Auditorium schon verlassen hatten. Sie versuchte zu begreifen, wo die Energie herkam; von Godfre oder von den Meistern? Als niemand mehr da war, beschloss sie, auf die Bühne zu gehen und zu experimentieren. Sie stieg die Stufen hinauf und ging genau zu der Stelle, wo Godfre beim Mikrofon gestanden hatte, und imitierte Godfre, indem sie affirmierte,

ICH BIN die Gegenwart von Mighty Victory! [7]

Ein Lichtblitz schoss durch sie hindurch, der sie gegen den Vorhang hinter der Bühne warf, wo sie hinfiel. Diese Stelle war immer noch geladen mit der geballten Energie von Victory und wurde durch Pearls Befehl entladen. Nun hatte sie begriffen, dass diese Meister nicht ein Produkt der Einbildung von Godfre waren, oder in der Atmosphäre umherschwebende Astralwesen, sondern wirkliche Wesen mit enormer Kraft. Sie war nicht überrascht, als sie später erfuhr, das Victory ein Wesen war, das in vielen Lebenszeiten keine Niederlage gekannt hatte, und nun allen zur Verfügung steht, die sich ernsthaft bemühen, anderen zu helfen.

Nie wieder sagte sie den Namen eines Meisters so leichthin, denn sie wusste nun, dass sie bereitstanden, um beim Klang ihres Namens herbeizuspringen. Man musste sich nur dem Herzen zuwenden und den Befehl sprechen. Sie hatte bald Gelegenheit, einen Meister zum Handeln aufzurufen.

Pearl ging nachts auf dem Gehweg nach Hause zu ihrer Wohnung in der Geary Street, als ein Auto neben ihr mit kreischenden Bremsen anhielt. Zwei böse aussehende Männer warfen durch das Fenster prüfende Blicke auf sie, und das Blut gefror in ihren Adern. In der Stadt waren in der letzten Zeit einige Entführungen vorgekommen, wobei junge Frauen verschwanden und nie mehr gesehen wurden. Ihre Angst wurde nun bestätigt, als sie den Fahrer zu dem anderen Mann sagen hörte, „Los, hol sie!". Die Tür ging auf, und als ein unrasierter Mann auf sie zu torkelte, rief sie aus, „Saint Germain, komm herbei!"

---

[7] Die Bezeichnungen *Affirmation* und *Dekret* werden bisweilen synonym verwendet; ein Dekret wird jedoch in der Regel mit mehr Energie gesprochen.

Plötzlich blieb der Mann wie angewurzelt stehen und verdrückte sich zurück in das Auto. Als sie sich umdrehte, sah Pearl hinter sich stehend einen großen, kräftig gebauten Polizisten.

„Oh Gott, die Polizei!" rief der Fahrer, und das Auto fuhr mit quietschenden Reifen in einer Wolke aus verbranntem Gummi davon.

„Mein Gott! Sie waren zur rechten Zeit da", sagte Pearl, während sie ihre Fassung wiedergewann, „Ich glaube nicht, dass diese Männer gute Absichten hatten. Ich wäre dankbar, wenn sie mich nach Hause brächten."

Der stattliche Polizist lächelte und sagte, „Keine Angst, die kommen nicht wieder."

„Aber ich wohne gleich im nächsten Häuserblock."

„Ich sagte, die kommen nicht wieder", sagte er entschieden. „Sie können beruhigt sein."

„Der ist aber nicht gerade entgegenkommend", dachte sie und begab sich auf den Weg zu ihrer Wohnung im nächsten Häuserblock. Jedoch erfasste sie wieder die Angst und sie wandte sich um, um den Polizisten noch einmal zu bitten, sie zu begleiten, aber der Gehweg war leer. Er war einfach verschwunden. „Das ist sonderbar", dachte sie sich, ging alleine weiter und erreichte bald sicher ihre Wohnung.

Als sie später Mitarbeiterin der Saint Germain Foundation war, beklagte sie sich bei Godfre, dass ihr die Meister nie so helfen wie ihm. Plötzlich öffnete sich ihre innere Sicht und sie sah das vergnügte Gesicht von Saint Germain sie anlachen, und er sagte, „Du meinst, wie damals nachts in der Geary Street, Pearl?" Dann nannte er zwei weitere Gelegenheiten, wo er ihr geholfen hatte, ohne ihr Gewahrwerden.

Kapitel 7

Rettung einer Stadt und einer Brücke

Allmählich lernte Pearl, dem inneren Gefühl in ihrem Herzen zu gehorchen, bevor sie im Äußeren Verpflichtungen einging. Eines Tages wollten Pearl und zwei weitere ICH BIN-Schüler zum Sanctuary zu einem wichtigen Unterricht bei Godfre aufbrechen, als alle drei einen starken Impuls fühlten, in die entgegengesetzte Richtung zu fahren. Sie folgten diesem inneren Gefühl, bis sie sich im äußersten Westen von San Francisco befanden. Sie standen auf einem Felsvorsprung, von wo aus sie auf Sutro Baths und den Pazifischen Ozean schauen konnten. Dunkle Wolken, die in Richtung Stadt zogen, verdunkelten den Himmel tintenschwarz und verdeckten die untergehende Sonne. Pearl hatte eine beunruhigende Vorahnung, als würde sich eine Katastrophe anbahnen, und sie und ihre Freunde riefen die Meister an, aktiv zu werden. Als sie alle drei so auf der Landspitze standen, dekretierten* sie,

Mächtige ICH BIN-Gegenwart und Große Schar Aufgestiegener Meister, kommt jetzt herbei und löst diese Kraft auf und verzehrt sie!

Erzengel Michael und Legionen der Blauen Flamme, durchschneidet mit eurem Blauen Blitz diese Situation jetzt!

Saint Germain, komm herbei und löse jetzt alle negative Energie mit der Kraft der Violetten Verzehrenden Flamme auf!

Mit innerer Ruhe und konzentriert auf die Innere Gott-Gegenwart, riefen sie auch noch andere Meister zum Handeln auf,

---

* Eine bewusst formulierte, laut oder gedanklich gesprochene spirituelle Verfügung äußern [d. Übers.].

und innerhalb einer halben Stunde lösten sich die Wolken auf und die Angst vor einem bevorstehenden Unglück schwand. Mit einem Gefühl der Erleichterung fuhren sie quer durch die Stadt zurück zum I AM Sanctuary in der Powell Street 133, wo der Unterricht schon begonnen hatte. Da sie das bereits laufende Diktat nicht unterbrechen wollten, betraten sie unauffällig das Auditorium; doch in diesem Augenblick schaute Godfre zu ihnen und sagte, „Saint Germain möchte diesen Schülern danken, die gerade eine Katastrophe abgewendet und diese Stadt vor einem schwerwiegenden Unheil bewahrt haben. Danke für euren Gehorsam gegenüber eurer eigenen mächtigen ICH BIN-Gegenwart."

1937 begegnete Pearl einer Dame aus höheren Kreisen, Dr. Mary Francine Watson, der viele Schüler Verachtung entgegenbrachten. Sie waren der Meinung, dass sie wegen ihrer eleganten Kleidung und vornehmen Manieren den Meistern nicht nahe sein konnte. Pearl bedeutete die äußere Erscheinung jedoch wenig, da sie die innere Reinheit dieser Frau fühlte. Eines Tages nahm die New Yorkerin Pearl mit in ihre Wohnung, um ihr eine Handvoll gelber Diamanten zu zeigen, die ihr von Saint Germain gegeben worden waren. Wegen dieser Art von Steinen hatte der Yellowstone Park seinen Namen erhalten, und Saint Germain hatte ihr erklärt, dass diese Steine, auch wenn sie ungeschliffen waren, eine bestimmte Energie verströmten, welche die Meister ausdehnen konnten, um an den Orten, wohin sie gesandt wurde, um sie dort auszulegen, Segnungen vorzunehmen.

Von allen ICH BIN Schülern, solle sie nur Pearl auswählen, so hatte Saint Germain ihr aufgetragen, und zu der Stelle gehen, wo das Fundament für die Golden Gate Bridge gebaut wurde. Zahlreiche Unfälle und Todesopfer hatten Verzögerungen verursacht, und die Meister sagten, dass dieser gefährliche Zustand von zerstörerischen Energien einer früheren Zivilisation herrührte, die an diesem Ort immer noch eingeschlossen waren.

Dr. Watson legte die Hälfte der Diamanten in Pearls Hände, und als sie so am Fort Point standen, stiegen eine große Engelhierarchie sowie Aufgestiegene Meister herab und strahlten Licht in die gelben Steine und in die Erde hinein. Beinah überwältigt, hatte Pearl zu kämpfen, um in ihrem Körper zu bleiben. Ihre innere Sicht zeigte ihr viele entkörperte Wesen, die dort in der astralen Ebene gefangen waren, die nun befreit wurden. Diese Wesen hatten verursacht, dass eine Anzahl von Brückenarbeitern in den Tod gestürzt waren. Nach diesem Dienst der beiden Frauen war der negative Zustand beseitigt, und der Brückenbau verlief sicherer.

Bald nach diesem Dienst verschied Dr. Watson. Sie hatte die Diamanten unter der Führung von Saint Germain nach Südamerika gebracht. Er hatte ihr gesagt, sie solle sie in bestimmten Tunneln in den Anden auslegen, wo entkörperte Entitäten früherer Zivilisationen gefangen waren, und die Diamanten dort zurücklassen, sodass die Meister nach der Entfernung der astralen Entitäten heilende Energiestrahlen in die Erde lenken konnten.

Kapitel 8

Eine Bitte des Meisters

Als Godfre erkannte, dass Pearl unter der Führung der Meister stand, lud er sie bald ein, ein Teil seines Personalbestandes zu sein, der die Saint Germain Foundation leitete. Eines Tages im Jahre 1938, bald nach Pearls dreiunddreißigstem Geburtstag, reichte ihr Godfre einen Brief, der ihm von Saint Germain diktiert worden war. Es war sein Wunsch, dass sie zur Leiterin des I AM Sanctuary von San Francisco ernannt werden sollte. Saint Germain wusste, wie schüchtern sie war, und wie stark ihr Widerstreben sein würde, diese Führungsposition anzunehmen, so hielt er es für notwendig, mit dieser direkten Aufforderung an sie heranzutreten. Da sie jünger als die meisten Mitglieder war, von denen einige lange Zugehörigkeiten zum Orden der Rosenkreutzer und zur Theosophischen Gesellschaft hatten, fühlte sie, dass sie keiner ernst nehmen würde. Auch ihre Schwerhörigkeit verursachte weiterhin Missverständnisse bei ihrem Umgang mit anderen; also sagte sie zu Godfre, sie könne das Angebot auf keinen Fall annehmen.

Nach einer schlaflosen Nacht erkannte sie, dass sie eine Bitte von Saint Germain nicht ablehnen konnte, insbesondere, da er sich die Mühe gemacht hatte, die Bitte zu diktieren, also sagte sie Godfre, sie würde in jeder erforderlichen Weise dienen. Da diese neue Verantwortung den größten Teil ihrer Zeit in Anspruch nehmen würde, gab sie ihre Arbeit bei der Woolworth Company auf, ohne eine Vorstellung zu haben, wie sie und Sydney die Miete bezahlen sollten. Da ihr Ehemann im Gemüsegeschäft nicht viel Geld verdiente, war ihre finanzielle Lage heikel. Allmählich erfuhren einige der wohlhabenderen ICH BIN-Schüler von ihrer Lage und fingen an, Beiträge zu leisten, um Pearl bei ihrem Dienen zu unterstützen.

Eines Tages arbeitete sie an ihrem Schreibtisch, als ein Fremder eintrat und anfing, Fragen zur ICH BIN-Lehre zu stellen. Als er fragte, ob er das Sanktuarium anschauen könne, sagte sie, dass Nicht-Schüler normalerweise keinen Zutritt hätten, aber sie würde es ihm gerne zeigen. Es war ein eleganter, rein weißer Raum, mit großen Bildern von Jesus und Saint Germain auf beiden Seiten des Schreins und einer Kristallvase in der Mitte, die als Fokus für die Ewige Flamme diente.[8]

„Was ist die Ewige Flamme?", fragte er und schaute ihr aufmerksam in die Augen.

„Es ist der symbolische Brennpunkt der ICH BIN-Gegenwart, der im Herzen eines jeden Menschen verankert ist. Jeder Mensch wird von seiner eigenen Ewigen Flamme erhalten."

„Und das glauben Sie?", fragte er spitz.

„Ja, natürlich."

Dann sagte er mit sanftmütiger, aber von Autorität getragenen Stimme, „Wenn Sie Ihre Energie von den unteren Zentren auf die Ebene ihres Herzens angehoben haben, dann werden Sie die Ewige Flamme SEIN, und dann wird Ihre Arbeit beginnen."

Er verbeugte sich höflich, dankte ihr für ihre Zeit und ging zur Tür und die Stufen hinunter. Pearl ging zurück ins Büro und setzte sich wieder an ihren Schreibtisch. „Das ist seltsam", dachte sie; „Warum gibt er vor, nichts über Spiritualität zu wissen, und dann benimmt er sich so, als ob er wüsste, woran ich noch zu arbeiten habe?". Sie betrachtete seine Bemerkung als etwas unverschämt. In diesem Augenblick fühlte sie eine heitere Energie durch sich strömen, die nur von einer Quelle kommen konnte, und sie erkannte,

---

[8] Die Ewige Flamme ist der Fokus der ICH BIN-Gegenwart in der Brust nahe der Thymusdrüse, die das Leben aufrechterhält. In früheren Goldenen Zeitaltern wurden von den großen Meistern in den Tempeln äußere ewige Flammen eingerichtet, als Erinnerung an die Innere Flamme und als Segnung für die Gesellschaft. Eine spirituelle Flamme kann von jedem Individuum angerufen werden, in einem Schrein, zu Hause oder an jedem anderen Ort.

wer der Fremde gewesen war: Nicht ein gewöhnlicher Neugieriger, der von der Straße hereingestolpert kam, sondern der Meister Saint Germain persönlich.

Nach längerem Nachdenken über die Bedeutung seiner Bemerkung erkannte sie, dass sie und Sydney ihre Energien anheben mussten, statt sie durch Hingabe an sexuelle Betätigung zu vergeuden. Sydney war zuerst dagegen, aber allmählich gingen sie zu einer zölibatären Beziehung über. Einige Generationen später hätten sie möglicherweise tantrische Unterweisung bekommen, wie man die Lebenskraft bewahrt, anstatt sie zu unterdrücken, aber in den 1930er Jahren gab es einzig in China, Indien und Tibet qualifizierte Lehrer dieser Wissenschaft der Verjüngung.[9]

---

[9] *Tantra*, (Sanskrit: Kontinuität), ist die Wissenschaft, Meditation, Rituale und Visualisierung zu verwenden, um die transzendente Natur der Wirklichkeit zu erkennen, die in der Erscheinungswelt der alltäglichen Realität vorhanden ist. Daher können alle Aspekte des täglichen Lebens, einschließlich Beziehungen, als spirituelles Werkzeug zur Befreiung von der Täuschung dienen. Die alten buddhistischen *Tantrikas* und die chinesischen Taoisten praktizierten vielfältige Methoden zur Bewahrung sexueller Energie und ihrer Umwandlung in spirituelle Energie.

Guy und Edna Ballard in den 1930er Jahren

Kapitel 9

Den Zorn von Beloved Mama erweckt

Obwohl Godfre und Lotus Pearl in ihrer „Familie" der Saint Germain Foundation herzlich willkommen geheißen hatten, fühlte Pearl allmählich, dass Mrs. Ballard, die von allen ‚Beloved Mama', Geliebte Mutter genannt wurde, Pearls spirituelle Verbundenheit mit Godfre übel nahm. Pearl versuchte, die gegen sie gerichtete Feindseligkeit nicht zu beachten und weiter zu glauben, dass beide „Sendboten" unfehlbar waren; aber sie begann Dinge zu sehen, die nicht länger ignoriert werden konnten.

Pearl hatte von ihrer Mutter Nähen gelernt und schneiderte alle ihre Kleider selbst. Eines Tages sah sie einen smaragdfarbenen Stoff, den sie kaufte, und machte daraus ein stilvolles ärmelloses Cape. Einige Tage später saß sie im Auditorium in der vordersten Reihe und hatte ihr Cape an. Als Mrs. Ballard die Bühne betrat, um Ansagen zu machen, sah sie das Cape und ihr Blick offenbarte Missfallen. Am nächsten Tag wurde eine Bekanntmachung herausgegeben, „Schülern der Saint Germain Foundation ist das Tragen von Capes verboten."

Eine Woche später jedoch erschien Mrs. Ballard auf der Bühne und trug ein ähnliches Cape. Dies war eine der ersten von vielen Regelungen, die Mrs. Ballard herausgab, wie Schüler zu leben hatten. Schließlich ging sie so weit, die Kleiderfarbe vorzuschreiben, die Schüler an jedem Tag zu tragen hatten, und sie untersagte das Schwimmengehen und Kinobesuche.

Kurz nach diesem Vorkommnis mit dem Cape erfuhr Pearl, dass eine Festveranstaltung ‚Frühstück mit dem Meister' stattfinden sollte, zu der Saint Germain eingeladen worden war. Es sollte im eleganten Sir Francis Drake Hotel zwischen Nob Hill und dem ICH

BIN Sanktuarium abgehalten werden, und Zutritt gab es nur mit einer Einladung. Als Pearl keine Einladung erhielt, dachte sie, dass ihre unter den dreihundert Einladungen verloren gegangen sein musste. Als sie Mrs. Ballards Personal darauf ansprach, wurde ihr gesagt, dass alles in Ordnung sei und Mrs. Ballard selbst die Gästeliste bearbeitet habe. Schockiert ging sie am Morgen des Frühstücks zum Hotel und setzte sich in die Empfangshalle, als die Gäste eintrafen. Sie hatten am oberen Ende des Tisches einen Platz für Saint Germain gedeckt, und obwohl sie nicht sicher waren, ob er in seiner physischen Form teilnehmen würde, wussten sie, er würde wenigstens in seiner höheren Form anwesend sein.

Immer noch hoffend, bat Pearl eine ihrer Freundinnen, nachzuschauen, ob nicht doch eine Einladung für sie beiseitegelegt worden war, aber die Frau kam zurück und sagte, dass keine da war. Verzagt setzte sie sich an einen kleinen Schreibtisch bei einem Treppenabsatz vor dem Bankettsaal, für den Fall, dass sie im letzten Augenblick eingeladen würde. Das Frühstück begann jedoch, und sie konnte das Klappern des Geschirrs hören, als alle bedient wurden. Nun sprach sie ein Gebet und rief den Meister an.

„Saint Germain!", flehte Pearl innerlich, „Was habe ich falsch gemacht? Bitte schicke sofort jemanden hierher, der mir erklärt, welchen Fehler ich gemacht habe."

Als sei es die Antwort auf ihr Gebet, öffnete sich die Doppeltür zum Festsaal und Godfre kam heraus. Er kam direkt herüber und setzte sich ihr gegenüber an den Tisch. Er lehnte sich vor, schaute ihr in die Augen und nahm ihre beiden Hände in seine und sagte, „Sie haben sie, liebes Herz. Verlieren Sie sie niemals."

Der Raum zwischen ihnen erfüllte sich mit Liebe. Dann stand er auf und sagte entschuldigend, „Ich muss nun zurück, ehe Mama entdeckt, dass ich fort bin. Seien Sie gesegnet, liebes Herz." Als Godfre verschwand, fühlte Pearl, dass es wirklich keinen Fehler gab. Sie hatte auf diese Weise einen größeren Segen empfangen, als wenn sie am Frühstück teilgenommen hätte, und sie ging mit der Gott-Flamme in ihrem Herzen lodernd fort.

KAPITEL 10

DIE BEGEGNUNG DER ZWILLINGSSTRAHLEN

Pearl hatte Flugunterricht genommen. Sie fand, dass die Astral-Ebene, die aus menschlichen Gedanken und Emotionen bestand, nicht über achttausend Fuß[*] Höhe hinausreichte, und dass es viel leichter war, den Verstand in diesen Höhen zu beruhigen, was einer der Gründe ist, warum viele Yogis auf hohen Bergen verweilen. Es steigerte auch ihre Fähigkeit, in ihrem Höheren Mentalen Körper zu reisen.[10] Sie nahm immer Ballards Sohn Donald mit zum Fliegen, da er dies aufregend fand.[11]

Eines Tages im Jahre 1939 erlebte sie während des Fliegens diese erweiterte Fähigkeit, bewusst in ihrem Höheren Körper zu reisen. Ohne zu verstehen, was geschah, fand sie sich im Kontrollraum eines Radiosenders stehend wieder. Zwei Männer mit Messern gingen auf den Ansager los, für den Pearl ein großes Schutzempfinden fühlte, und einer von ihnen sagte, „Das wird dich was lehren, Streikbrecher!"

Plötzlich sahen sie Pearl dort stehen, und einer von ihnen sagte, „Wo ist die reingekommen? Nichts wie raus hier", und sie rannten durch die Hintertür hinaus. Dann war Pearl wieder in ihrem physischen Körper. Sie wusste nicht, wo sich dieses Drama abgespielt hatte, wenngleich sie es bald herausfinden sollte.

---

[*] 2438 Meter.
[10] Der Lebensstrom jedes Individuums hat Körper auf unterschiedlichen Ebenen der Existenz, die alle vom selben Lichtstrahl (Silberschnur) der ICH BIN- Gegenwart belebt werden. Im Buddhismus nennt man diese Körper *Nirmanakaya*, physischer Körper; *Sambhogakaya*, mentaler Körper; und *Dharmakaya*, ICH BIN-Gegenwart.
[11] Donald Ballard zog sich 1957 von der I AM-Activity zurück.

Nicht lange danach teilte Godfre Pearl mit, dass in Philadelphia ein Kurs anstünde, und bat sie, daran teilzunehmen. Sie sagte, „Gerne", fragte sich aber insgeheim, woher sie das Geld dafür nehmen sollte. Sie wandte sich in Gedanken an Saint Germain, und bald wurden ihre Gebete dadurch erhört, dass eine Anzahl Schüler einsprangen, und ihr ein Flugticket und angemessene Kleidung kauften. Sie hatte alles, was sie brauchte, außer einer Handtasche. Jedoch am Flughafen gab ihr die Frau, die sie dort hingefahren hatte, eine exquisite Handtasche, die perfekt zu ihrem neuen Kleid passte. Als sie das Terminal betrat, ging sie zu einem Tisch, um den Inhalt ihrer alten Börse in die neue zu tun und sah, dass die neue voller Geld war.

Sie sollte dieses Geld nötig haben, als sie in Philadelphia ankam, denn sie stellte fest, dass der Unterricht nach Washington D.C. verlegt worden war, und sie musste sofort einen Zug nehmen. Sie kam im Hotel Washington in der 15. Straße an, nur einen Block vom Weißen Haus entfernt, und als sie zum Empfang ging, stellte sie fest, dass bereits ein Zimmer neben dem der Ballards reserviert und bezahlt worden war.

Der Unterricht begann und Pearl saß in der ersten Reihe. Die Ballards sollten von einem ehemaligen Radioansager aus Minneapolis vorgestellt werden, Bob LeFevre, der sich nun Ballards Personal angeschlossen hatte. Als er auf die Bühne kam, war Pearl schockiert, den Mann vom Radiosender zu sehen, dessen Leben sie in ihrer Vision gerettet hatte. Als er anfing zu sprechen, sagte er, „Diese ICH BIN-Lehre ist eine Köstliche Perle", und schaute sie dabei direkt an. In diesem Augenblick verband ein Lichtstrahl ihre Herzen, und Pearl wusste, dass sie zusammen Arbeit zu tun hatten – wenngleich sie keine Ahnung hatte, was das sein mochte. Sie fand bald heraus, dass Bob verheiratet war, und sie war noch mit Sydney verheiratet.

Am nächsten Tag lud Godfre Pearl und Bob zu einem Besuch nach Mount Vernon ein, dem früheren Wohnort und Begräbnisstätte von George Washington, der, so hatte man Godfre gesagt, eine seiner früheren Verkörperungen gewesen sei. Als die drei bei dem marmornem Sarkophag standen und ihn anschauten, ließen die Meister eine Energie durch sie strömen, die Godfre nicht nur die Wahrheit dieser Verkörperung offenbarte, sondern ihn auch in ein höheres Bewusstsein hob. Als sich Godfre umdrehte, sah Pearl von ihm ein Licht ausgehen, dass sie nie zuvor gesehen hatte, und in diesem Augenblick wusste sie, dass er bald aufsteigen würde. Godfre nickte bestätigend und sagte, „Davon dürfen sie Mrs. Ballard nichts erzählen."

Dann teilte er Pearl und Bob mit, dass sie Zwillingsstrahlen seien, und dass die Meister sie für eine besondere Arbeit zusammengeführt hatten, die sie gemeinsam verrichten sollten. Sie sollten diese Verbindung niemandem offenbaren, um kein Misstrauen und Klatsch aufkommen zu lassen – einer der Gründe, warum der Leitspruch der Großen Weißen Bruderschaft lautet:

Wisse, wage, wolle, schweige!

An diesem Abend versammelten sich alle in Washington anwesenden Mitarbeiter der I AM-Activity in Ballards Suite. Sie riefen die Meister an und saßen dann schweigend in Kontemplation der großen ICH BIN-Gegenwart. Als sie so in Harmonie saßen, trat ihr geliebter Meister Saint Germain in physischer Form aus der Atmosphäre und begrüßte sie warm und freundschaftlich. Es gab keinen Lichterglanz und keinen Engels-Chor. Er kam schlicht als ein weiteres Wesen mit dem ernsthaften Wunsch, der Menschheit zu helfen. Er erklärte, dass viele Herausforderungen vor ihnen lägen, und dass sie vor bestimmten dunklen Kräften auf der Hut sein müssten, aber dass er bei ihnen sein werde.[12] Sie sollten eine Kristallröhre visualisieren, die vom Gott-Selbst herunterreicht und sie in einen vollkommenen, diamantähnlichen Schutzkreis einhüllt. Bei einem Angriff sollten sie ihn anrufen, und er werde reagieren. Er wies Pearl

---

[12] Schwarz-Magiere in der Astralebene versuchen die Ausbreitung des Lichtes zu verhindern. Die Aufgestiegenen Meister baten die Schüler der Ballards oft, Aufgestiegene Meister anzurufen, um diese Wesen von der Erde zu entfernen.

an, sie solle ein Kurier sein für die Manuskripte der Diskurse, die die Aufgestiegenen Meister durch Godfre gegeben hatten, und dass sie nach Kalifornien nicht zurück fliegen, sondern per Bus reisen solle. Als er seine Botschaft beendet hatte, verbeugte er sich mit einer Anmut, die am französischen Hof vor einem Jahrhundert angebracht gewesen wäre, und plötzlich war er verschwunden. In der aufgeladenen Stille waren ihre Herzen mit Dankbarkeit erfüllt, für den Segen dieser wunderbaren Erscheinung.[13]

---

[13] Saint Germain war in seinem Aufgestiegenen Körper im achtzehnten Jahrhundert ein häufiger Besucher an den europäischen Höfen, und war als Wundermann von Europa bekannt. Voltaire beschrieb ihn als den „Mann, der alles weiß und niemals stirbt".

Kapitel 11

Eine Meisterin zur Rettung

Das Paket mit den in braunes Packpapier eingewickelten Manuskripten unter den Arm geklemmt, stieg Pearl in den Greyhound-Bus nach Kalifornien. Während der Nacht hielt der Bus weit draußen auf dem Land bei völliger Dunkelheit an. Es erschien ihr seltsam, da hier kein planmäßiger Halt war. Eine sehr attraktive Dame stieg in den Bus. Sie fragte Pearl, „Darf ich neben Ihnen Platz nehmen?"

„Möchten Sie nicht lieber dort hinten Platz nehmen?", antwortete Pearl und wies auf die leeren Sitzplätze weiter hinten, da sie den Platz neben ihr freihalten wollte.

„Aber ich bevorzuge diesen Platz", beharrte die Dame.

„Wie Sie möchten", sagte Pearl, nahm den Mantel von dem Sitz, und die Dame setzte sich neben sie.

Da Pearl nun eine Mitreisende hatte, beschloss sie, das Beste daraus zu machen, und versuchte eine Unterhaltung anzufangen, aber die Frau ignorierte ihre Fragen und schloss die Augen, und Pearl starrte wieder aus dem Fenster.

Einige Minuten später jedoch öffnete sie erschrocken ihre Augen. Ein Lastzug, der sie gerade überholt hatte, stürzte vor ihnen um und legte sich quer über die Straße. Als der Sattelschlepper auf der Straße entlangrutschte, sprühten Funken, und Pearl stützte sich gegen den unvermeidlichen Aufprall ab. Bei dieser Geschwindigkeit konnte der Fahrer unmöglich einen Aufprall verhindern, und sie war sicher, dass sie alle umkommen würden. Gerade in diesem Augenblick vor dem Aufprall, richtete sich die Frau neben ihr in ihrem Sitz auf, hob ihre rechte Hand in die Luft, und der Bus hob von der Straße ab, fuhr durch das Wrack hindurch und kam auf der anderen Seite wieder hervor. Als der Bus wieder auf der Autobahn aufsetzte, senkte die Frau ihre Hand und lehnte sich in ihrem Sitz zurück, und der Bus setzte seine Fahrt fort, als wäre nichts Ungewöhnliches vorgefallen.

„Haben Sie das gesehen?", rief Pearl zu ihrer Begleiterin, aber die Frau schüttelte nur den Kopf. Pearl schaute umher, um die Reaktion der anderen auf dieses Wunder zu sehen, aber niemand schien wahrzunehmen, was geschehen war. Einige schliefen und andere lasen oder redeten. Noch einmal versuchte Pearl eine Unterhaltung mit der seltsamen Frau neben ihr anzufangen, aber die Frau schüttelte wieder nur den Kopf und ließ erkennen, dass sie lieber ihre Ruhe haben wollte.

Der Bus verlangsamte das Tempo und fuhr an den Straßenrand, wieder an einem dunklen Ort mitten im Nirgendwo. Die Frau neben ihr stand auf, ging den Gang entlang und die Stufen hinunter, und verschwand in der Dunkelheit. Die Tür ging zu und der Bus fuhr wieder auf die Autobahn.

Tage später fuhr der Bus nach Denver hinein, Pearl stieg aus und ließ ihr Paket oben in der Gepäckablage. Als sie sich erfrischen ging, stand die Frau vor ihr, die Tage zuvor neben ihr gesessen hatte. Gerade als sie sie fragen wollte, wie sie hierhergekommen war, ging die Frau auf sie zu und sagte, „Ich hoffe, Sie haben nichts wertvolles im Bus gelassen."

Noch etwas benommen von der langen Busfahrt, fiel Pearl plötzlich das Manuskript ein. Den Rat befolgend, drehte sie sich um und ging zum Bus zurück, aber vor ihr stand ein verdächtig aussehender, unrasierter Mann im Weg. Er murmelte zu sich selbst, „Ich kriege sie, ich kriege sie, keine Sorge, ich werde es schaffen...."[14]

---

[14] Willensschwache Menschen, oder solche unter Alkohol- oder Drogeneinfluss, können von astralen Entitäten leicht beeinflusst werden, und werden von ihnen manchmal unter hypnotische Kontrolle gebracht, um nach ihrer Pfeife zu tanzen.

In diesem Moment ging ein großer Mann in einer Busfahreruniform auf den Mann zu, zeigte mit dem Finger auf ihn und sagte im Befehlston, „Weg! Verschwinde und komme nicht zurück."

„Oh", sagte der Mann überrascht, als ob er aus einem Traum erwachte. Er schaute umher, als wenn ihm die Umgebung unvertraut war, und wankte davon.

„Der wird Sie nicht wieder belästigen", versicherte der Fahrer Pearl. „Nun sollten Sie so bald als möglich zum Bus zurückgehen."

Bei der Ankunft in Los Angeles trafen einige Mitarbeiter Pearl am Busbahnhof und fuhren sie zu Godfre, damit sie ihm das Manuskript aushändigen konnte. Nachdem sie ihm ihre Abenteuer erzählt hatte, sagte er, „Was glauben Sie, wer der Busfahrer war? Es war unser geliebter Meister."

„Und diese seltsame Frau, die neben mir saß?", fuhr Pearl fort.

„Ihre Namensschwester."

„Pearl?"

„Ja, die Meisterin, über die ich in *The Magic Presence* schrieb.[15]

---

[15] Godfre Ray King, *Die Magische Gegenwart*, Saint Germain Verlag, 2015. Es gibt Wesen auf vielen Ebenen, einschließlich der kosmischen, die das Pearl-Prinzip verkörpern und diesen Namen benutzen. Die tibetischen Buddhisten haben ein ähnliches Verständnis davon, dass bestimmte Individuen Ausstrahlungen einer besonderen Gottheit sind, so können viele Frauen z.B. denselben Aspekt der Mutter Gottes verkörpern, wie die Weiße, Grüne oder Rote Tara.

Kapitel 12

Pearl entfacht einen Feuersturm

Godfre bat Pearl, in seiner Abwesenheit im Sanktuarium zu unterrichten. Die Essenz dieser ICH BIN-Lehre ist, dass Gott in jedem menschlichen Wesen wohnt, und die Wahrnehmung dieser Gegenwart kann durch Kontemplation der Energie und des Bewusstseins, die durch die Worte „ICH BIN" wachgerufen werden, gestärkt werden. Alle Gedanken, Worte und Gefühle, die mit „ICH BIN" verbunden werden, beginnen dann, sich zu manifestieren. Pearl stellte fest, dass viele Schüler die Gegenwart als etwas Externes, etwas von ihnen Getrenntes anriefen, in der Weise wie einige Religionen Gott als etwas Externes präsentieren, als jemand, der „da draußen" ist. Einige Schüler hatten angefangen, die künstlerische Darstellung des ICH BIN anzubeten, die bei ihnen an der Wand hing, und sie als „Mächtige ICH BIN-Gegenwart" anzusprechen, statt zu beanspruchen, „ICH BIN die Gegenwart", und sie in sich zu fühlen. Sie sah, dass die Bewegung von Saint Germain schnell zu einer weiteren Religion wurde, bei der die Menschen einen externen Gott und externe Meister anriefen, und sich scheuten, nach ihrer eigenen Göttlichkeit zu suchen und sie einzufordern.

Eines Tages stand sie vor dem Auditorium und fühlte einen Schock, als sie sagte, „Worauf Ihre Aufmerksamkeit gerichtet ist, das werden Sie. Was Sie wollen, das müssen Sie fordern. Wenn Sie Güte wollen, dann müssen Sie sagen, ‚ICH BIN gut'."

„Das können Sie nicht sagen!", riefen einige der Mitarbeiter, und gestikulierten mit ihren Händen, als ob Pearl eine Gotteslästerung begangen hatte.

„Das kann ich nicht sagen?", entgegnete Pearl.

„Sie können nicht sagen, dass Sie gut sind. Haben Sie nicht jede Menge Schlechtes getan? Denken Sie nie Schlechtes? Werden Sie nie zornig?"

„Sicher"; sagte Pearl achselzuckend, „Aber wenn Sie Güte nicht fordern, werden Sie nie gut sein. Ich stelle mich nicht hin und sage der Welt, dass ich besser bin als jeder andere, und ich sage das auch nicht Ihnen, aber ich fordere Güte für mich selbst.

Ich glaube nicht, dass wir als Sünder geboren wurden, wie das Christentum sagt. Wir wurden gut geboren. Egal wie viele schlechte Dinge ich getan haben mag, die Liebe in meinem Herzen ist gut. Das Licht im Zentrum meines Seins ist gut. Dieses Licht ist völlig rein und vollkommen, und ich fordere diese Vollkommenheit und rufe sie herbei. Ich muss irgendwo beginnen, und ich beginne mit, 'ICH BIN gut'.

ICH BIN die Gegenwart Gottes! ICH BIN die Gegenwart von Saint Germain. ICH BIN die Gegenwart von Erzengel Michael. Sagen Sie den Namen irgendeines Meisters oder einer Eigenschaft, die Sie manifestieren wollen, und fühlen Sie dann diese Energie hervorkommen."

Prompt wurde sie von einigen Führern in das Büro bestellt, und sie sagten, „Pearl, Sie müssen aufhören, so zu reden. Sie können diese Dinge nicht einfordern, und wir werden Godfre darüber unterrichten."

„Tun Sie das", sagte Pearl in ihrer beherzten Art. „Sagen Sie ihm das. Ich freue mich schon darauf, was er dazu sagen wird."

Als Godfre das nächste Mal in San Francisco war, wollte Pearl ihn aufsuchen. Mrs. Ballard übernahm jedoch zunehmend die Leitung der Organisation und tat alles, um Pearl von Godfre fernzuhalten. Sie wusste jedoch, dass man ihm gesagt hatte, wie sie das ICH BIN präsentiert hatte, und dass er Einhalt geboten hätte, wenn er es missbilligt hätte.

Da der Streit darüber, wie die Organisation zu leiten sei, zwischen Godfre und seiner Frau zunahm, sah sie, wie er sich mehr und mehr zurückzog, und sie beobachtete, dass die dogmatischen Elemente der Organisation die Kontrolle übernahmen. Mit Traurigkeit sah sie zu, wie die Uneinigkeit seinem empfindlichen Nervensystem und seiner Gesundheit schadete, diese Situation aber vor den Schülern verborgen gehalten wurde.

Kapitel 13

Der Aufstieg von Godfre Ray King

Seit Pearl an der Gruft von George Washington neben Godfre gestanden hatte, und ihr sein baldiger Aufstieg angezeigt worden war, sah sie ihn zunehmend ätherisch werden und sich von irdischen Zuständen zurückziehen. Seine Ehe mit seiner Frau Lotus war nie leicht gewesen und wurde zunehmend spannungsreicher. Bei Besprechungen mit dem Personal widersprach sie ihm offen und bekam Wutausbrüche, wenn sie auf Widerstand stieß. Wenn Pearl an ihrem Zimmer vorbeiging, hörte sie Lotus Godfre oft schelten, und sie erschauderte über sein Leid.

Ende Dezember 1939 waren sie alle im Baltimore Hotel in Los Angeles zur weihnachtlichen Unterrichtsstunde versammelt. Godfre hatte zunehmend blasser und in sich zurückgezogen ausgesehen, und da Pearl wusste, dass er Kreislaufprobleme hatte, war sie nicht überrascht, als ihr am Morgen des 29. gesagt wurde, dass Godfre früh an diesem Morgen an Herzversagen verstorben war. Kurz nachdem sie diese Nachricht erhalten hatte, läutete in ihrem Zimmer das Telefon und sie hörte die freundliche Stimme von Saint Germain, „Pearl, ich möchte dich und Bob als meine nächsten Sendboten der 'Activity' einsetzen. Ich weiß nicht, ob Lotus das akzeptieren wird, aber ich versuche es. Willst du mir helfen?"

„Natürlich", antwortete Pearl, „In jeder Weise, wie ich kann."

„Dann werden wir uns in Kürze sehen. Ruf Bob an und sage ihm, er soll seine Aufmerksamkeit auf mich richten." Dann endete der Telefonanruf.

Sofort rief Pearl in Bobs Zimmer an, und sie erkannte, wie sehr er durch den Umgang mit der Erschütterung unter den anderen Mitarbeitern in Anspruch genommen war. Godfre hatte eine Reihe von Diskursen gegeben, in denen er gesagt hatte, dass es für ernsthafte ICH BIN-Schüler keinen Tod gäbe, und dass er selbst in seinem physischen Körper aufsteigen würde. Viele verlangten nun zu wissen, warum das nicht geschehen war. Da Mrs. Ballard nicht wusste, wie sie mit diesem erheblichen Widerspruch zu so einem fundamentalen Aspekt ihrer Lehren umgehen sollte, sagte sie den Schülern, dass Godfre geschäftlich mit Saint Germain unterwegs sei, bis sie sich überlegen konnte, was sie sagen sollte.

Inmitten dieser Turbulenzen war Bob dankbar, das Telefon läuten und Pearl sagen zu hören, „Der Meister möchte, dass du deine Aufmerksamkeit von den äußeren Zuständen löst und sie stattdessen auf ihn richtest."

„Gerne!", antwortete Bob erleichtert.

„Wir haben gemeinsame Arbeit vor uns", endete Pearl und legte den Hörer auf.

Da Mrs. Ballard den Schülern unter allen Umständen verboten hatte, Schwarz zu tragen, musste Pearl ein Kleid wählen, das sie zur Beerdigung tragen konnte. Mrs. Ballard hatte die Regel eingeführt, und es wurde von jedem erwartet, die Farbe zu tragen, die sie als zur jeweiligen Energie eines Wochentages gehörig festgelegt hatte. Wenn man nicht die richtige Farbe zur Verfügung hatte, war Weiß immer akzeptabel, also holte Pearl ihr weißes Kleid aus dem Schrank.

Die Beisetzungsfeier wurde am ersten Januar vormittags im Haus ihres Sohnes, Donald, abgehalten, und es waren alle Mitarbeiter und Leiter der landesweiten Sanktuarien dazu eingeladen worden. Es waren insgesamt zweiundsiebzig Personen, und sie bildeten einen Kreis um den Sarg, Mrs. Ballard am Kopfende.[16]

---

[16] Ich habe hier den Aufstieg von Godfre so beschrieben, wie Pearl ihn mir beschrieben hat. Er ist in *„I AM" America's Destiny* von Pearl Diehl und Robert LeFevre, Twin City House, 1940, ähnlich beschrieben.

Es wurde schöne Harfen- und Orgelmusik gespielt, und die Schüler vereinten sich zu Affirmationen für den Aufstieg von Godfre. Im Verlauf der Feierlichkeit öffnete sich Pearls innere Sicht und sie sah jeweils ein Göttliches Lichtwesen am Kopf- und Fußende des Sarges stehen. Kreise von Engeln stiegen herab, und sie begann himmlische Obertöne zur irdischen Musik zu hören.

Dann sah sie Godfre, der jugendlicher und strahlender aussah, als sie ihn je gesehen hatte, und Saint Germain und Jesus zu seinen Seiten stehend. Diese Meister hoben ihn langsam von der Erde ab. Als sie aufstiegen, war die Glückseligkeit von Godfre so ekstatisch, dass er dies den Schülern mitteilen wollte, aber die Meister hielten ihn davon ab. Sie stiegen immer höher in die Atmosphäre und verschwanden schließlich in das Licht.

Sein physischer Körper wurde an diesem Nachmittag eingeäschert, und Mrs. Ballard gab an die Schüler eine formelle Bekanntmachung heraus, dass Godfre gemäß einem „neuen göttlichen Erlass" aufgestiegen sei, bei dem es nicht erforderlich sei, den physischen Körper zu erhöhen.[17]

---

[17] Dies war nichts Neues, da es in Indien wohlbekannt war, dass höhere Initiationen die Auflösung des physischen Körpers nicht erforderten, sondern das diese in höheren Dimensionen stattfanden, wo sich die Seele (*Jiva*) wieder intim mit der ICH BIN-Gegenwart (*Atman*) verbindet. Tatsächlich wurde der Aufstieg der physischen Form seit langem von Adepten in China, Indien und Tibet praktiziert (*Jalus*), bei welcher die physischen Bestandteile des Körpers bewusst zur Quelle zurückgegeben werden. Befreiung (*Moksha*) andererseits ist nur Freiheit von der Notwendigkeit der Wiederverkörperung auf der Erde, die sich dann ereignet, wenn man sein irdisches Karma abgeschlossen hat und alles Erforderliche gelernt hat, wofür man in die Verkörperung gekommen ist.

Kapitel 14

Wer ist der nächste Sendbote?

Pearl sah, dass von den zweiundsiebzig Anwesenden bei Godfres Beisetzung nur wenige gesehen hatten, was sie gesehen hatte, und Mrs. Ballard gehörte nicht dazu. Sie verharrte mit gesenktem Blick während der ganzen Beisetzung und zeigte keine spirituelle Erleuchtung, die Pearl und wenige andere gefühlt hatten. Im Gegenteil schien Mrs. Ballard mit dem Rätsel von Godfres Versagen völlig in Anspruch genommen zu sein, und um dieses zu lösen, beschloss sie schließlich, seinen Aufstieg zu verkünden.

Da Pearl erkannte, dass Mrs. Ballard für die Meister nicht so empfänglich war wie Godfre, und viele Menschen sich getäuscht fühlten und ihre Mitgliedschaft beendeten, fragte sie sich, ob das zum Ende der Saint Germain Foundation führen würde.

Ihre Frage wurde am nächsten Tag auf eine höchst bemerkenswerte Weise beantwortet, als ihr Saint Germain erschien und sagte, Ich möchte Mrs. Ballard zeigen, dass ich durch dich arbeite, und dass ich euch beide als die neuen Sendboten haben will. Ich bin mir nicht sicher, ob sie das akzeptieren wird, aber ich muss es versuchen. Ich möchte, dass du und Bob euch zusammentut und ein Buch schreibt. Ich werde Bob die Worte diktieren, und du wirst aufschreiben, was er sagt."

Pearl wandte ein, dass es männlichen und weiblichen Schülern nicht erlaubt war, sich auf den Zimmern zu treffen, und zudem waren sie beide noch verheiratet. Dennoch sagte sie dem Meister, dass sie versuchen würde, Bob zu überreden, sie zu besuchen. Wie sie erwartet hatte, lehnte er ab und sagte, dass es gegen die Regeln sei.

„Ich glaube, das kann ich regeln", sagte Saint Germain mit einem Augenzwinkern.

Er sagte ihr, sie solle das Fenster öffnen, das auf den Innenhof des Hotels ging. Nach ein paar Minuten sah sie, wie sich das Fenster von Bobs Zimmer gegenüber des Hofs im achten Stock öffnete, und sein Körper waagerecht mit dem Bauch nach unten durch den freien Raum schwebte und durchs Fenster in ihr Zimmer hinein. Sein Körper kam auf dem Teppich mitten im Zimmer zum Stillstand. Er schien zu schlafen, aber als sie neben ihm kniete und seinen Namen aussprach, öffnete er die Augen. Er schaute zu ihrem Gesicht auf und fragte, „Wo bin ich?"

„In meinem Zimmer."

„Unmöglich!"

„Nicht für Saint Germain."

Sie schaute ihm in die Augen, und als sich ihre Blicke trafen, wurde ihnen augenblicklich ihre Verbindung in vergangenen Leben offenbart; Bob wurde vor Schreck bewusstlos. Nachdem er sich erholt hatte und Pearl zu erzählen begann, was sie gesehen hatte, wurde er ein zweites Mal bewusstlos. Als er abermals zu sich kam, hielt er seine Hand hoch und sagte, „Sag kein Wort mehr!"

Langsam begab er sich zu einem Stuhl und schaute umher. Er sah, dass er wirklich in Pearls Zimmer war – und erkannte, dass ihn nur Saint Germain hierhergebracht haben konnte. Er erinnerte sich, dass er mit Perl telefoniert hatte, er sich dann müde gefühlt und sich aufs Bett gelegt hatte. Das nächste, was er wusste, dass er in Pearls liebende Augen aufschaute. Sie erklärte den Wunsch des Meisters und er sagte, „Ja, ich habe immer gewusst, dass wir gemeinsam Arbeit zu tun haben."

Am nächsten Tag war Bob eher bereit, sich über die Regeln hinwegzusetzen, und er kam von sich aus in Pearls Zimmer. Sie hatte einen Packen Papier gekauft und ein halbes Dutzend Stifte. Als sie am Schreibtisch saßen, klopfte es an der Tür, und obwohl sie niemanden erwarteten, sagten sie, „Herein".

Zu ihrer Freude war es Saint Germain, aber er erschien als modischer junger Mann in gewöhnlicher Kleidung. Er ging zu Pearl und sagte, „Streck deine Hand aus".

Sie streckte ihre Hand wie verlangt aus, und der Meister hielt seine Hand einige Zentimeter über ihre. Sie fühlte, wie etwas Hartes in ihren offenen Handteller fiel, und als er seine Hand zurückzog, sah sie, dass sie einen riesigen, makellosen Amethyst in ihrer Hand hielt. Der Edelstein war mehrere Zentimeter lang und die quadratischen Enden ungefähr zweieinhalb Zentimeter. Er wies sie an, den Stein zu einem Juwelier zu bringen und ihn halbieren zu lassen und zwei identische Ringe aus 24-karätigem Gold anfertigen zu lassen. Jeder Ring sollte zu beiden Seiten von einer Fackel gerahmt sein, als Symbol für ihre Rolle als vorgesehene Fackelträger des Lichtes. Außerdem repräsentiere der Stein ihre Verbindung als Zwillingsstrahlen der gleichen Göttlichen Gegenwart. Dann sagte er, er würde sie durch den Amethyst kontaktieren. Falls sie durch weltliche Belange abgelenkt würden, würde er eine Ladung durch die Ringe schicken, um ihre Aufmerksamkeit zu bekommen. Dann verlangte er ihre Aufmerksamkeit, denn das Diktat würde gleich beginnen – und plötzlich waren sie alleine.

Kurz darauf bekam Bob ein Diktat von Saint Germain, und Pearl schrieb auf, was er sagte. Innerhalb einer Woche hatten sie das Manuskript eines kleinen Buches, das *„I AM" America's Destiny*, *„ICH BIN" Amerikas Bestimmung* heißen sollte. Gerade als sie sich fragten, woher sie das Geld für den Druck bekommen sollten, kam einer der Schüler auf Pearl zu und fragte, ob sie irgendetwas bräuchte. Er freute sich, einen Scheck ausschreiben zu können, für eine Auflage von zehntausend Büchern – die an die Schüler gehen sollten. Nach erstaunlich kurzer Zeit hatten sie einen Probedruck in Händen, und Pearl wurde angewiesen, ihn Mrs. Ballard zu präsentieren.

Mit Beklommenheit wurde Pearl bei der „Geliebten Mama" vorstellig, überreichte ihr das Buch und sagte, „Der Meister Saint Germain hat dieses Buch mir und Bob diktiert und wünscht, dass Sie das erste Exemplar bekommen." Als sie das Buch anschaute, das Pearl gerade in ihre Hände gelegt hatte, wurde sie bleich. Zitternd vor Wut, warf sie es quer durch den Raum. „Die Meister kommen zu niemandem außer zu mir!", schrie sie und stürmte aus dem Raum.

Pearl und Bob trafen sich wieder in ihrem Zimmer, und Saint Germain kommunizierte mental zu beiden, „Es ist so, wie ich befürchtet hatte, aber wir mussten es versuchen. Nun werde ich damit beginnen, die Aktivität („I Am" Activity; d. Übers.) zu schließen und meine Lehre auf anderen Wegen geben. Ich möchte, dass ihr beide austretet und auf weitere Anweisung wartet."

Pearl kehrte nach San Francisco zurück, und beim nächsten Gruppentreffen gab sie im Auditorium der Schülerschaft bekannt, „Ich habe Unterweisung bekommen, zurückzutreten, nicht nur als Leiter dieses Sanktuariums, sondern auch von der Saint Germain Foundation."

Den Versammelten verschlug es den Atem, aber sie fuhr fort, „Dies ist meine persönliche Entscheidung, also ziehen Sie sich nicht von der 'Activity' zurück, weil *ich* das tue. Bitte folgen Sie Ihrer eigenen Führung."

Jedoch hatten bereits viele Schüler und Mitarbeiter begonnen, sich zurückzuziehen. Godfre war derjenige, den Saint Germain am Mount Shasta kontaktiert und in den vergangenen zehn Jahren als Sendboten eingesetzt hatte. Nachdem sie Mrs. Ballards Gefühlsausbrüche gesehen hatten und sich belogen fühlten über Godfres Aufstieg, hatten sie nicht das Gefühl, dass sie die Empfänglichkeit hatte, um Diktate des Meisters zu empfangen, noch die Festigkeit, um die 'Activity' zu leiten.

Als Vergeltung für Pearls Rücktritt organisierte Mrs. Ballard eine geheime Gruppe ihrer loyalen Anhänger. Durch Anwendung machtvoller Dekrete versuchten sie, Pearl aus der Verkörperung zu entfernen. Plötzlich wurde Pearl von Krankheit so übermannt, dass sie ihren Kopf nicht mehr vom Bett anheben konnte. Kein Arzt konnte feststellen, was ihr fehlte, und es schien so, dass sie bald sterben würde. Dann entdeckten einige Schüler, was Mrs. Ballard trieb, und sie organisierten eine Kontergruppe, die Tag und Nacht um Pearl einen Schutzkreis bildete, und sie fing an sich zu erholen. Außerdem stellte Mrs. Ballard ihre Versuche ein, als sie gewahr wurde, dass man sie entdeckt hatte.[18]

Saint Germain hielt sein Wort und begann, die Saint Germain Foundation zu schließen, indem er die US-Postbehörde veranlasste, gegen Mrs. Ballard, Donald und die Foundation wegen Postbetruges zu ermitteln. Der Fall wurde 1942 vor Gericht gebracht, und Pearl wurde schriftlich vorgeladen.

Als sie im Büro des US-Generalstaatsanwalts zur eidesstattlichen Aussage saß, lehnte sich der Staatsanwalt nach vorne, zeigte auf ein großes Portrait von Saint Germain, das an der Wand lehnte, und sagte, „Also, wer ist dieser Saint Germain?"

Pearl begann die wunderbare Geschichte dieses erstaunlichen Wesens zu erklären, als das Bild plötzlich lebendig zu werden schien. Der Staatsanwalt riss die Augen weit auf und rief, „Haben Sie das gesehen?"

Er saß eine Stunde lang da, gefesselt von des Meisters großen Taten, zuerst als Autor der Shakespeare-Spiele während seiner ersten Verkörperung als Sir Francis Bacon, dann als Aufgestiegener Meister an den Höfen in Europa während der Zeit, die zur Franzö-

---

[18] Jahre später, in den 1960er Jahren, lud Mrs. Ballard Pearl ein, sie in Shasta Springs in der Nähe von Dunsmuir in Kalifornien zu besuchen, und bat Pearl, der Saint Germain Foundation wieder beizutreten. Ihre Mitgliederzahl war von schätzungsweise 50.000 auf ungefähr 2.500 zurückgegangen. Pearl sagte, „Es tut mir leid, aber ich könnte Sie nie wieder ‚Liebe Mama' nennen, wie es alle anderen tun." Mrs. Ballard sagte, „Das macht nichts, Sie müssen das nicht, aber ich könnte ganz bestimmt Ihre Hilfe gebrauchen." Pearl antwortete, „Danke, aber ich habe jetzt meine Freiheit und beabsichtige, sie zu behalten."

sischen Revolution führte. Dann berichtete Pearl von einigen ihrer eigenen Begegnungen mit dem Meister während ihres Dienens bei den Ballards.

Mrs. Ballard wurde jedoch von der Jury des Betruges für schuldig befunden. Sie waren nicht der Meinung, dass die spirituelle Lehre falsch war (Eine Sache, die nicht vor Gericht gebracht werden konnte, so hatte der Oberste Gerichtshof entschieden), aber sie fühlten, dass Mrs. Ballard nicht an ihre eigene Lehre glaubte, und diese nur benutzte, um finanziellen Profit zu machen. 1946 ging der Fall in Berufung und das Urteil wurde mit der Begründung aufgehoben, dass keine Frauen unter den Geschworenen gewesen seien. Die ursprüngliche Urteilsfindung schädigte jedoch den Ruf der Foundation so sehr, dass die Mitglieder scharenweise weggingen. Wie Saint Germain versprochen hatte, begann er nun seine Lehre in neuer Form durch verschieden Gruppen freizugeben.

Es war der Anfang des Wassermann-Zeitalters, und die Aufgestiegenen Meister begannen jene um sich zu versammeln, die sich wünschten, individuelle Selbst-Ermächtigung durch umfassendere Mittel als durch Gruppengehorsam zu lehren. Es war der Beginn eines Zeitalters, in dem Individuen spontan erwachten, in dem Lehrer und Gruppen nicht die Kontrolle ihrer Mitglieder anstrebten, sondern als Katalysator dienten, um die Menschen zum inneren Licht zu erwecken.[19]

---

[19] Pearl traf Krishnamurti in Ojai im Jahre 1940. Nachdem er sie in sein Haus zum Tee eingeladen hatte, berichtete er später seinem Nachbarn, wo Pearl logierte, „Sie ist einer der wenigen Menschen, denen ich je begegnete, die nichts von mir wollten." Annie Besant und die Theosophische Gesellschaft hatten Krishnamurti erzogen, damit er der nächste Weltlehrer werde, eine Art Messias, eine Rolle, von der er sich 1929 distanzierte. Er entgegnete, die Menschen müssten sich ihre eigene Erlösung selbst erarbeiten und sich nicht auf jemand anderen verlassen. Er betonte, dass Befreiung nur durch Selbstbeobachtung erreicht werden könne, und besonders in der Beziehung zu anderen. Dies sollte der Hauptgedanke des aufkommenden Neuen Zeitalters werden.

Unter der Leitung von Saint Germain begann sich eine dieser Gruppen um Pearl zu versammeln.[20]

Da alle spirituellen Lehren nur Annäherungen an die Wahrheit sind, und unbegrenztes Bewusstsein nur indirekt durch das begrenzte Medium der Worte gegeben werden kann, ist sogar ein Diskurs von einem Meister gefärbt von dem Bewusstsein desjenigen, der die Botschaft empfängt. Der Beweis dafür sind die zahllosen Widersprüche in den Lehren früherer Sendboten der Meister, und die Uneinigkeit unter verschiedenen prominenten Theosophen ist auch ein typisches Beispiel. Die Meister können nur mit dem verfügbaren Werkzeug arbeiten, ganz gleich wie unzulänglich es ist, denn alle Menschen sind in einer Weise mängelbehaftet. Nur innere spirituelle Praxis kann die Wahrheit offenbaren.[21]

Als Pearl einige der Diskurse von Godfre las, war sie gelegentlich verwundert über Aussagen, die nicht auf der gleichen Wahrheits-Ebene zu sein schienen wie der Rest des Diskurses. Als sie diesen Sachverhalt untersuchte, erkannte sie, dass die Stenographin nicht immer unterschieden hatte zwischen Godfres persönlichen, spontanen Anmerkungen während Sprech-Pausen, und den Worten, die von den Meistern gesprochen wurden. Die Mitarbeiter versuchten dies beim Editieren vor der Veröffentlichung herauszunehmen, doch oft gingen einige Sätze durchs Netz. Das wurde Pearl später

---

[20] Andere frühere ICH BIN-Schüler, die zu dieser Zeit anfingen, die Lehren der Meister zu geben, waren: Geraldine Innocente (Bridge to Freedom), A. D. K. Luk, und Mark und Elizabeth Prophet (Summit Lighthouse).

[21] Obwohl das Wissen über die Aufgestiegenen Meister aus Indien kam, wo sie *Mahasiddhas* genannt wurden, und der große indische Yogi Paramahansa Yogananda nach Amerika kam, um die Methoden zu lehren, mit denen die innere Gottgegenwart erkannt werden konnte, rieten die Ballards ihren Schülern davon ab, Yoga und Meditation auszuüben. Sie sagten, und die Foundation hält das bis zum heutigen Tage aufrecht, dass Meditation die Menschen passiv mache und ihnen den Willen zur Tat raube. Erst als Pearl anfing zu lehren, wurde ein Weg aufgezeigt, wie die inneren und äußeren Aspekte der Spiritualität ins Gleichgewicht gebracht werden können, in der alltäglichen Ausübung der Meisterschaft.

von Sunny Widell aufgezeigt, einer früheren Lektorin eines gut bekannten Herausgebers spiritueller Bücher, DeVorss and Company.[22]

Sie fragte sich auch, warum im Vorwort von *Unveiled Mysteries* wie auch in *The Magic Presence* gesagt wird, dass alle geschilderten Ereignisse auf der physischen Ebene stattgefunden haben, denn sie wusste, dass die meisten der Erlebnisse von Godfre, die in diesen Büchern geschildert werden, außerhalb des Körpers stattfanden, entweder auf ätherischer Ebene oder in Träumen. Er schrieb über Besuche in Paris und im Fernen Osten, doch sie wusste, dass er physisch nie außerhalb der Vereinigten Staaten gewesen war; tatsächlich hatte er nie einen Reisepass besessen.

Schließlich erkannte sie, dass Mr. und Mrs. Ballard bei diesen Büchern zusammengearbeitet hatten und, da sie wollten, dass die Menschen die Wahrheit der geschilderten Lebensgesetze glaubten, einfach angegeben hatten, dass alle Erlebnisse wirkliche Geschehnisse auf der physischen Ebene waren. Obwohl auch viele der Erlebnisse erfunden waren, schilderten sie doch das Funktionieren des Spirituellen Gesetzes und waren ein Kanal für die Strahlung der Meister. Bis zum Ende ihres Lebens betrachtete Pearl *Unveiled Mysteries* und *The Magic Presence* als ihre Lieblingsbücher.

Auch als Pearl Baird T. Spalding, dem Autor von *Life and Teachings of the Masters of the Far East*[*] begegnete, dessen Band Fünf Sunny damals editiert hatte, entdeckte sie, dass diese Bücher ebenfalls von inneren Erlebnisse handelten, die er vor Verlassen der Vereinigten Staaten hatte. Erst Jahre danach und auf Bitten seines Verlegers, der mehr öffentliche Aufmerksamkeit erreichen wollte,

---

[22] Später zog Sunny Widell nach Mount Shasta, wo ich kurze Zeit mit ihr gearbeitet und die Diskurse von Pearl editiert habe. Eine Beschreibung des Tumultes, der sich daraus ergab, ist in meinem Buch *Abenteuer eines Westlichen Mystikers*, Band 2, *Im Dienst der Meister*, BOD, 2015, zu finden.

[*] Baird T. Spalding, *Leben und Lehren der Meister im Fernen Osten*, Schirner, 2011 (Bd.1-3) und 2004 (Bd.4-5).

führte er eine Gruppe nach Indien. Damals sah keiner der Mitglieder dieser „Spalding-Expedition" irgendeinen der Meister, über die er in seinen Romanen so schön geschrieben hatte.[23]

---

[23] Als Pearl fast dreißig Jahre später zu lehren begann, zögerte sie, über die wahre Natur von Godfres Büchern zu sprechen, denn sie wollte jene nicht enttäuschen, die sie gelesen hatten und zu ihr voller Begeisterung kamen. Die meisten Erlebnisse der Menschen auf dem spirituellen Weg sind normalerweise viel weniger dramatisch als die Abenteuer, über die sie gelesen haben. Jedoch stellte Pearl einige Aussagen von Godfre, von denen sich später herausstellte, dass sie sein persönlicher Glaube waren und nicht direkte Offenbarungen, nie in Frage. Dazu gehörte die Verbreitung von "George Washington's Vision", ein fiktionaler Bericht über die Zukunft Amerikas, der von einem Journalisten geschrieben wurde, und das ca. achtzig Jahre später, als angegeben.
Siehe: www.snopes.com/history/american/vision.asp.

KAPITEL 15

ROMANZE, HEIRAT UND SCHEIDUNG

Nach 1940 begann eine Gruppe jener, die sich von der Saint Germain Foundation zurückgezogen hatten, unter der Führung von Saint Germain sich um Pearl zu sammeln. Sie trafen sich in ihrer Wohnung in San Francisco in der Nähe des Presidio.* Da sich ihre Ehe mit Sydney jedoch dem Ende zuneigte, nahm sie eine Einladung an, auf der Obstplantage in Santa Rosa zu leben, und die Treffen der Gruppe wurden dorthin verlegt. Pearl hatte die Unterweisung von Saint Germain ernst genommen, all ihre Energie zum Herzen hin anzuheben, ein Schritt in Richtung Zölibat, den Sydney schwer akzeptieren konnte. Keiner von ihnen bemerkte, dass Saint Germain gerade dabei war, den Austausch der Partner zu arrangieren.

Ein harter Kern der Gruppe, der zwischen zwölf bis zwanzig früheren ICH BIN-Schülern schwankte, einschließlich Bob, Sunny und einem Mann namens Jerome „Jerry" Dorris, trafen sich bei der Plantage alle zwei Wochen.[24] Indem Saint Germain „*I AM*" *America's Destiny* diktiert hatte, schulte er Pearl und Bob darin, zusammenzuarbeiten, sodass die Meister durch sie Diskurse geben konnten. In der Zeit von 1940 bis 1949, mit einer Unterbrechung wäh-

---

* Historischer Militärstützpunkt und Nationalpark in San Francisco [d. Übers.].

[24] Jerome Dorris gehörte zu der Familie, die die Dorris-Ranch gleich südlich der Grenze zu Oregon besaß, und nach der das Städtchen Dorris benannt wurde. Er wurde im Glauben der Christian Science [Christliche Wissenschaft; d. Übers.] aufgezogen, wonach Gesundheit im Geiste begründet liegt. In seiner Jugend war er Cowboy und ritt Pferde zu, im Sommer war er wochenlang in der Plantage unterwegs, um Zäune zu reparieren und streunendes Vieh zusammenzutreiben.

rend des zweiten Weltkrieges, gab es ungefähr fünfzig Übertragungen von Diskursen.[25]

In einem dieser Diskurse sprach Saint Germain über die Ehe, zweifellos, um sie für die anstehenden Veränderungen in ihrer Beziehung zu unterrichten.[26] Er missbilligte eine gewöhnliche Ehe und erklärte, welch begrenzte Einrichtung sie ist, wenn Besitzansprüche gehalten werden, wenn Partner voneinander Besitz ergreifen. Auch würde ein Gefühl der Begrenztheit entstehen, wo Partner zu wissen glaubten, welche Fehler der andere hätte, und an einer fixen, oft falschen Wahrnehmung ihres Partners festhielten – was dazu führe, dass diese Denkweise in das Bewusstsein des Partners eingeflößt wird. Vielmehr würden die Menschen in ihrem Partner oft den eigenen blinden Fleck wahrnehmen.

Pearl sollte bald sehen, dass die Meister ihre eigenen Vorstellungen über die Ehe hatten, die nicht immer mit der konventionellen Vorstellung übereinstimmten, dass zwei Menschen verheiratet bleiben, auch wenn der Zweck ihrer Verbindung sich erfüllt hat. Die Meister, die das Karma jedes Menschen kennen, bringen Menschen zusammen und auseinander, je nachdem, was sie sich gegenseitig schuldig sind, welche Lektionen gelernt werden müssen, und zu welchem gemeinsamen Dienst sie zusammengebracht wurden. Sie sah, wenn es im Dienst für die Meister war, dass diese oft Menschen zusammenführten, bis ihr Dienst beendet war. Sollen in einer Ehe Menschen spirituell vorwärtskommen, müssen sie die ICH BIN-Gegenwart des anderen anerkennen und für ihre Emotionen Verantwortung übernehmen, statt sich gegenseitig als Spiegel der eigenen Unzulänglichkeiten anzusehen.

---

[25] *Step by Step We Climb*, M. S. Princess, 1977.
[26] *Step by Step We Climb to Freedom*, M. S. Princess, 1981. In dem letzten Buch dieser Serie, *Step by Step We Climb to Freedom and Victory*, M. S. Princess, 1983, spricht Pearl von dem erhöhten Christus-Bewusstsein ihres Höheren Selbst.

Im Laufe einiger Jahre ließen sich Pearls Zwillingsstrahl Bob und seine Frau Peggy ebenfalls scheiden. Schließlich heiratete Peggy Pearls früheren Ehemann, Sydney. Dann war da Loy, ein früheres Mitglied der Foundation, die, als sie Bob viele Jahre vorher begegnet war, im Inneren gehört hatte, „Das ist der eine, den du heiraten wirst", wenngleich Bob zu dieser Zeit schon verheiratet war. Nun, da sie beide alleinstehend waren, fühlten Bob und Loy, dass sie von Saint Germain zusammengebracht worden waren, und sie heirateten schließlich.

Pearl war froh, wieder alleine zu sein, denn sie war ein Freigeist und nicht gewohnt, sich zu bemühen, die von jemand anderem an sie gestellten Erwartungen zu erfüllen. Jedoch hatte der Meister etwas anderes für sie auf Lager, aber nicht etwas, was sie erwartet hätte. Nach einem ihrer Treffen fuhr Jerry zur Sonoma-Ranch zurück, die er leitete, als Saint Germain in ätherischer, doch sichtbarer Form erschien. Da er nicht gewohnt war, Dinge ätherisch zu sehen, wusste er, dass der Meister etwas Wichtiges zu sagen hatte. Er war jedoch schockiert, als der Meister klar sagte, „Ich möchte, dass du Pearl heiratest."

Den einzigen Kontakt, den er und Pearl vor der Bildung dieser Gruppe ehemaliger Schüler auf der Ranch hatten, war, als Pearl ihm ein Buch *Unveiled Mysteries* verkauft hatte, als er viele Jahre zuvor das erste Mal das ICH BIN-Sanktuarium besucht hatte. Einmal hatte er eine Vision von sich gehabt, wie er Pearls Hand hielt und sie zusammen eine goldene Treppe hinaufstiegen, hatte das aber als Tagtraum abgetan. Als Pearl und ihre Freundinnen von der 'Activity' im Golden Gate Park waren, sahen sie Jerry oft auf seinem Pferd vorbeireiten. Eines Tages waren sie am Strand, als sie den sonderbaren Cowboy auf sich zureiten sahen. Entschlossen, seine Aufmerksamkeit auf sich zu ziehen, versperrten sie ihm den Weg, aber Jerry, der sich treu an die Regel hielt, dass Männer und Frauen nicht herumtändeln sollten, ritt in den Ozean und um sie herum.

Nun, durch Saint Germains Erscheinen auf der Autobahn, machte er ohne einen Augenblick zu zögern eine Kehrtwende und erschien wieder vor Pearls Tür. Er klopfte an die Fliegengittertür, und als Pearl öffnete, fragte sie, „Also, was machst du denn hier schon wieder?"

„Der Meister will, dass wir heiraten", platzte er heraus, er war nie ein Freund der großen Worte.

„Wie bitte?", sagte Pearl, und glaubte, nicht richtig gehört zu haben.

„Pack deine Sachen, Pearl, der Meister hat mit gerade gesagt, ich soll dich heiraten."

„Schau", sagte Pearl nachdrücklich, „Ich liebe dich nicht nur nicht, ich mag dich noch nicht einmal besonders."

„Ich weiß Pearl, es geht mir genauso", sagte Jerry entschuldigend. „Nichtsdestoweniger ist es der Wunsch des Meisters. Mach dir keine Gedanken; du kannst dein eigenes Zimmer haben. Ich warte, bis du deine Sachen zusammen hast."

Geschockt bat sie Jerry, er solle in der Küche warten. Sie ging nach oben, setzte sich auf die Bettkante und weinte. Sie starrte auf das Bild von Saint Germain an der Wand und als sie ihm in die Augen schaute, sah sie, dass es wahr war, dass er wirklich wollte, dass sie Jerry heiratet. Sie sammelte langsam ihre wenige Habe, warf sie in einen Koffer und ging hinunter.

Sie fuhren zum Sonoma-Gerichtsgebäude in Santa Rosa, wo die Bärenflagge in Kalifornien zum ersten Mal gehisst worden war, und am selben Tag, den 2. Dezember 1944, wurden sie vom Richter getraut.

Beim Betrieb der Obstplantage lernten sie zusammenzuarbeiten. Pearl erledigte die Buchhaltung und das Kochen, was die Zubereitung des Mittagessens für die Helfer mit einschloss, während Jerry die Arbeitsgruppen leitete. Nicht weit von ihnen entfernt befand sich die Farm von Luther Burbank, dem berühmten Botaniker, den

Paramahansa Yogananda dort besucht hatte. Burbank hatte dem großen indischen Yogi eingestanden, dass er seine Wunder in der Pflanzenzucht nur dadurch bewirken konnte, dass er gelernt hatte, die Pflanzen zu lieben.[27]

Pearl ging oft dort hin, da sie fand, dass es ein erholsamer Ort war. Das Leben auf der Farm gab ihr die Erdung, die sie nach ihren Jahren intensiver spiritueller Arbeit für die Meister brauchte. Sie versuchte auch die unvermeidlichen Narben aus der Auflösung ihrer Ehe mit Sidney zu heilen, und den folgenden Schock, dass ihr geliebter Zwillingsstrahl eine andere Frau heiratete. Auch wenn sie erkannte, dass diese Veränderungen unter der Führung von Saint Germain geschehen waren, waren die emotionalen Bindungen schwer aufzugeben. Wenngleich Jerry nicht viel redete, war er liebevoll und tolerant gegenüber ihrer oft impulsiven Art. Wenn sie ihn bat, die Möbel umzustellen, erfüllte er bereitwillig diese Bitte, und blieb ruhig, auch wenn sie es sich am nächsten Tag anders überlegte und ihn alles wieder dahin stellen ließ, wo es vorher stand.

Jerry war allerdings verblüfft über ihre angebliche Fähigkeit, mit Tieren kommunizieren zu können. Als Jerry eines Tages mit einer Mannschaft weit draußen auf dem Feld arbeitete, hörte sie Jerrys Lieblingspferd Modoc deutlich zu ihr sprechen, „Ich bin durstig!".

Sie fand es merkwürdig, denn Jerry hatte einen automatischen Wassertrog installiert, der sich normalerweise von selbst auffüllte, aber als Jerry heimkam, sagte sie, „Modoc ist durstig".

„Das ist unmöglich", sagte er, aber um Pearl zufriedenzustellen, war er einverstanden, nachzuschauen. Zu seiner Überraschung hatte Pearl Recht. Der Mechanismus war blockiert, und das Wasser war ausgegangen.

Als Jerry zurückkam, fragte er, „Wie hast du gewusst, dass es da ein Problem gab?"

---

[27] Paramahansa Yogananda, *Autobiographie eines Yogi*, Self-Realization Fellowship, 1998.

„Modoc hat es mir gesagt", sagte sie wieder, und Jerry kratzte sich verblüfft am Kopf.

Einige Monate später hatte sie einen Traum, in dem Modoc wieder zu ihr sprach.

„Die Kühe sind im Weingarten", sagte Modoc.

„Wach auf Jerry, die Kühe sind im Weingarten!"

„Was? Du träumst Pearl, schlaf weiter", beruhigte er sie.

„Nein Jerry, du musst nach den Kühen schauen."

„Wie kommst du darauf, dass da was nicht stimmt?", fragte Jerry, als er wacher wurde.

„Modoc hat es mir gesagt."

„So", knurrte er, immer noch im Zweifel, aber er wusste, dass er nicht weiterschlafen konnte, bevor er nicht getan hatte, worum Pearl ihn bat. Er zog seine Stiefel an und stolperte hinaus in die Dunkelheit. Eine halbe Stunde später kam er zurück, „Du hast recht gehabt Pearl, die Kühe waren im Weingarten."

Zukünftig war Jerry aufmerksamer für ihre scheinbar absurden Wünsche, und akzeptierte, dass sein Pferd mit seiner Frau kommunizierte.

KAPITEL 16

PEARL UND DIE VEREINTEN NATIONEN

Mitten im Zweiten Weltkrieg, 1942, unterzeichneten viele Nationen eine Absichtserklärung für die Gründung einer Organisation, die künftige Differenzen zwischen Nationen lösen würde. Es war geplant, dass sie über die Gründungsurkunde am 25. Juni 1945 in San Francisco abstimmen sollten. Pearl verfolgte die Politik nicht, da sie es vorzog, auf den Inneren Ebenen zu arbeiten, um den Zustand der Welt zu verbessern; jedoch eines Tages fand sie sich unvermittelt auf der Weltbühne wieder.

Sie sollte Jerry und einen Freund zum Essen in Santa Rosa treffen, aber auf dem Weg dorthin fühlte sie einen eindeutigen Drang, stattdessen nach San Francisco zu fahren. Als sie über die Golden Gate Bridge fuhr und sich fragte, wohin es ging, rief sie den Meister Saint Germain an. Als sie nach San Francisco hineinfuhr, fuhr sie auf der Lombard Street weiter und affirmierte,

ICH BIN die Gegenwart von Saint Germain, die dieses Auto fährt und mich dorthin bringt, wo ich sein soll.

Bald fühlte sie den Drang, nach rechts abzubiegen, und fuhr auf der Van Ness Street weiter. Einige Blocks von der Market Street entfernt, hörte sie, „Hier parken". Sie wusste immer noch nicht, wohin sie gehen sollte, parkte und ging los. Nach einigen Schritten kam eine förmlich gekleidete Frau auf sie zu und sagte, „Sind Sie nicht Pearl?"

„Allerdings, aber woher kennen Sie mich?"

„Meine Liebe, ich habe eine der ICH BIN-Klassen besucht, die sie gaben, und Ihre Ernsthaftigkeit und Unschuld haben mich so beeindruckt, ich konnte sie nie vergessen. Mein Name ist Virginia Gildersleeve, und ich bin in der Stadt, um die Begegnung für die Zustimmung zur Gründungsurkunde der Vereinten Nationen zu organisieren.²⁸ Eigentlich bin ich gerade auf dem Weg dorthin, um Präsident Truman zu treffen. Warum kommen Sie nicht einfach mit?"

Pearl erkannte nun, dass dies der Grund war, warum sie hierher geführt worden war, und sagte zu Mrs. Gildersleeve, sie würde sie sehr gerne begleiten. Sie gingen gemeinsam die verbleibenden Blocks zum War Memorial Verterans Building.* Drinnen war die größte Gruppe versammelt, die Pearl je gesehen hatte. Mrs. Gildersleeve sagte, dass sie von der Rückseite hineingehen müsse, um andere Delegierte zu treffen, aber zuerst wolle sie sicherstellen, dass Pearl einen guten Platz bekomme. Als sie das Auditorium des Herbst Theater betraten, begleitete sie Mrs. Gildersleeve durch den Gang bis zur ersten Reihe, wo genau in der Mitte, unter den Gruppen von Offiziellen aus aller Welt, ein freier Sitzplatz war. Pearl arbeitete sich durch die Reihe von Männern und erreichte sicher ihren Platz, und ihre Begleiterin verschwand.

Als die Veranstaltung begann, fühlte Pearl eine große spirituelle Strahlung die Atmosphäre durchdringen, und sie wusste, dass diese nur von Aufgestiegenen Meistern verliehen werden konnte – wieder eine Bestätigung, dass sie der Führung der Meister gefolgt war. Bald würden sie über die Gründungsurkunde abstimmen, deren erklärtes Ziel es war,

Achtung der Menschenrechte und Grundfreiheiten für alle, ohne Unterschied der Rasse, des Geschlechts, der Sprache oder der Religion zu fördern und zu festigen.²⁹

Pearl rief die Meister an, insbesondere den Großen Göttlichen Direktor, das Sitzungsprotokoll zu führen, und alles in die Harmo-

---

²⁸ Virginia Gildersleeve (1877-1965) war Dekanin des Barnard College, eine Kämpferin für Frauenrechte und die einzige weibliche Delegierte, die die Vereinigten Staaten bei der UN-Konferenz repräsentierte.

* Gebäude des Kriegsdenkmals der Veteranen. [d. Übers.].

²⁹ Charta der Vereinten Nationen.

nie mit dem Göttlichen Plan zu bringen. Dann rief sie ihren eigenen Mentor an,

Geliebter Saint Germain, komm herbei und übernehme die vollständige Führung hier. Bringe den Vollkommenen Göttlichen Plan für die Vereinten Nationen zustande. Lass die Violette Verzehrende Flamme lodern, in, um, und durch dieses Auditorium, und löse auf und verzehre alles, was weniger als Vollkommenheit ist, durch die Kraft Gottes, die ICH BIN.[30]

Wundersamerweise beschlossen sie statt einer formellen Abstimmung, dass jeder Repräsentant der Fünfzig Staaten aufstehen und seine bzw. ihre Hand heben solle, um seine/ihre Zustimmung zu signalisieren. Es war ein bedeutungsschweres Ereignis, über das der San Francisco Chronicle später schrieb:

Diese Konferenz war nicht nur eine der bedeutendsten in der Geschichte, sondern vielleicht die größte internationale Versammlung, die jemals stattgefunden hat.

Jedoch musste das Dokument immer noch unterschrieben werden, was am nächsten Tag stattfinden sollte. Anschließend traf Mrs. Gildersleeve Pearl auf der Straße und sagte, „Meine Liebe, Sie müssen morgen wiederkommen. Ich werde es für Sie einrichten." Dann winkte sie zum Abschied und verschwand in einem Taxi mit der amerikanischen Gesandtschaft.

Als Pearl nach Hause kam, war sie besorgt, dass Jerry eventuell verstimmt sein könnte, weil sie ihren Termin zum Essen verpasst hatte, aber er sagte, dass der Freund, den sie erwartet hatten, abgesagt hatte, also hatte sie überhaupt nichts verpasst. Nachdem sie

---

[30] Die Violette Verzehrende Flamme entspricht der bewussten Anrufung der stärksten reinigenden Qualität des Lichtspektrums, dem Violett. Sie ist nicht nur eine Vorstellung, sondern auch eine Energiefrequenz, die, wenn sie angerufen wird, von denen gefühlt und gesehen werden kann, die auf ihre Aktivität eingestellt sind. Sie verbrennt negative Energie und hebt alles, was sie berührt, in einen vollkommeneren Zustand.

ihm mitgeteilt hatte, wo sie gewesen war, fand er es gut, wenn sie am nächsten Tag wieder hinginge, er würde für die Ranch-Arbeiter kochen.

Am nächsten Tag, den 26. Juni, versammelten sich alle Gesandten und viele auswärtige Führer in demselben Auditorium, um abschließend die Charta der Vereinten Nationen zu unterschreiben. Ihrem Wort getreu, hatte Mrs. Gildersleeve für Pearl denselben Platz reserviert. Im Hintergrund der Bühne standen im Halbkreis die Flaggen aller teilnehmenden Nationen, und in der Mitte stand ein riesiger runder Tisch, wobei einer nach dem anderen der auswärtigen Führer, oder ihre Gesandten, nach vorne kamen, sich an den Tisch setzten und das Dokument unterschrieben. Pearl fühlte wieder eine enorme Energie, die nur das Werk Aufgestiegener Meister sein konnte.

Als sie sich fragte, wo ihre Freundin war, die sie den ganzen Tag nicht gesehen hatte, sah sie plötzlich Mrs. Gildersleeve auf die Bühne gehen. Präsident Roosevelt hatte sie kurz vor seinem Tod zur Gesandtschaft der Vereinigten Staaten bestellt, und nun saß sie da und unterschrieb das Dokument stellvertretend für die Vereinigten Staaten. Nachdem sie unterschrieben hatte, trat Präsident Truman nach vorn und schüttelte ihr herzlich die Hand. In seiner nachfolgenden Rede sage er,

Die Charta der Vereinten Nationen, die sie gerade unterschrieben haben, ist eine solide Struktur, auf der wir eine bessere Welt aufbauen können.

Pearl betete, dass es zu einer besseren Welt führen würde, aber sie wusste, dass viel mehr nötig war, als ein Dokument zu unterschreiben, um der Welt dauerhaften Frieden zu bringen. Sie wusste, dass der Krieg auch auf der astralen Ebene wütete, und dass diese Kräfte aufgelöst werden mussten, bevor die Menschheit ihren Frieden haben würde.

Als Pearl an diesem Abend nach Hause fuhr, fühlte sie die Gegenwart von Saint Germain, und dass er ihr dankbar war für ihre Anrufungen zur Fürsprache der Aufgestiegenen Meister. Wenngleich die Meister allmächtig sind, mischen sie sich allgemein nicht in den menschlichen Willen ein. Sie benötigen unsere Einladung, um sich für uns einzusetzen.

Virginia Gildersleeve mit US-Präsident Harry Truman, dem sie die Hand reicht, und Repräsentanten anderer Länder, bei der Unterzeichnung der Charta der Vereinten Nationen in San Francisco, am 26. Juni 1945

Kapitel 17

Eine Rüge von Meisterin Leto

An jedem Neujahrsabend halten die Aufgestiegenen Meister ein inneres Retreat im Königlichen Teton, im Innern der Teton-Berge von Wyoming ab. Die Meister laden ihre Schüler zur Teilnahme ein, um persönliche Führung zu erhalten und an dem Ausguss von Licht auf die Welt, durch die Meister, teilzuhaben. Pearl ging in Erwartung der Veranstaltung früh zu Bett und betete darum, mit Bewusstsein teilnehmen und sich beim Aufwachen am Morgen daran erinnern zu können, was sich ereignet hatte. Bald erwachte sie in ihrem feinstofflichen Körper und fand die schöne Meisterin Leto neben ihrem Bett stehend.[31]

„Liebe Pearl, als Antwort auf deine ernsthaften Rufe bin ich gekommen, um dich zum Königlichen Teton zu begleiten", sagte die Meisterin liebenswürdig. „Zieh das an", sagte sie und gab Pearl eine prachtvolle weiße Robe, deren Stoff bei Bewegung in allen Farben funkelte. Pearl hatte nie dergleichen gesehen, und in einem Augenblick war sie so königlich gekleidet, dass eine Prinzessin sie darum beneidet hätte.

Leto legte ihren Arm um Pearls Schulter, und bald erhoben sie sich in den Nachthimmel. Pearl konnte im Vorbeifliegen die charakteristischen Züge der Landschaft sehen, bis sie schließlich in der Ferne die Gipfel des Teton wie Turmspitzen erblickte. Bald stiegen sie in einem beleuchteten Durchgang hinunter in die große Ratskammer der Großen Weißen Bruderschaft.

---

[31] Meisterin Leto hilft Menschen, bewusst außerhalb ihres Körpers zu reisen. Sie hatte ein vergangenes Leben in Schottland, in dem sie den Duft von Heidekraut lieben gelernt hatte, und gelegentlich manifestiert sie diesen Duft, wenn sie anwesend ist.

Sie wurde zu den Gästen gesetzt, von denen sie einige aus ihrer Gruppe erkannte, und der Dienst begann. Einige der Meister, mit denen sie vertraut war, waren anwesend wie auch viele andere große Wesen, die sie nie gesehen hatte, deren Herrlichkeit sie bewunderte. Als sie zusammen meditierten, ergoss sich ein großes Licht auf Amerika. Sie wusste, dass ähnliche Dienste in anderen Retreats in der ganzen Welt stattfanden, und dass die Aufgestiegenen Meister der Menschheit eine neue Welle des Bewusstseins vermittelten, die sie der Erfüllung des Göttlichen Planes näherbringen würde.

Nach Beendigung der formellen Zeremonie näherte sich Saint Germain Pearl in einer weißen Robe, und seine Augen schienen tief in ihre Seele zu schauen. Bei ihm war ein Individuum, und Pearl spürte, dass sie ihn von vergangenen Leben her kannte.

„Ich sehe, dass deine Intuition diesen alten Freund wiedererkennt", sagte Saint Germain. „Obwohl er viele Verkörperungen in Indien hatte, habt ihr in vielen vergangenen Leben bis zurück zum Beginn der Zeit zusammen gearbeitet. Er hat kürzlich in den Vereinigten Staaten Verkörperung angenommen, und wenn die Zeit gekommen ist, werde ich ihn zur Ausbildung zu dir führen. Er wird sie benötigen, um unsere Wahrheit der Welt zu präsentieren. Nun, liebe Pearl, ist es für dich Zeit zu gehen. Unsere Schwester, die dich hierhergebracht hat, wird dich nach Hause begleiten."

Leto erschien an Pearls Seite, nahm sanft ihre Hand und sagte, „Gehen wir."

Wieder erhoben sie sich ohne Anstrengung in die Nacht, und Pearl war in Ekstase von dem Licht, das ihr verliehen worden war. Viel zu schnell waren sie wieder zurück in Santa Rosa und stiegen herab in ihr Schlafzimmer, wo ihre physische Form im Schlaf lag. Sie zögerte, in ihre dichte Form zurückzukehren, die nun so begrenzt und einengend erschien, aber sie dachte, „Wenn ich nur diese liebliche Robe behalten könnte, sie würde mich immer an diese Nacht erinnern."

„Die Robe", bat Leto, die offensichtlich Pearls Wunsch kannte, aber nichtsdestoweniger ihre Hand aufhielt.

„Aber sie ist so schön; kann ich sie nicht behalten?"

„Das ist nicht erlaubt", antwortete Leto bestimmt.

„Ach, ich kann mich gar nicht von ihr trennen", beharrte Pearl und drückte das gefaltete, schillernde Stück Stoff an ihren Busen.

Leto streckte ihre Hand aus und ergriff es blitzartig. In strengem Ton sagte sie, „Wegen dieser Unfolgsamkeit wirst du mich eine lange Zeit nicht wieder sehen."

Dann war die exquisite, doch allmächtige Meisterin fort, und Pearl war wieder in ihrer physischen Form und schlief. Am Morgen erfüllte ein zarter Duft von Heidekraut die Luft, und sie fühlte die belebende Energie des nächtlichen Retreats ihren Körper durchdringen; aber dann kam die Erinnerung an den schmachvollen Wortwechsel mit Leto zurück, und sie war von Scham erfüllt. Wehmütig fragte sie sich, „Wie lange wird es dauern, bis ich Leto wiedersehe?"

Kapitel 18

UFO-Besuch

Eines Nachts wurde Pearl von einem summenden Geräusch aufgeweckt und ging aus ihrem Schlafzimmer zum Balkon, mit Blick auf die Obstplantage. Dort sah sie im Feld vor dem Haus eine silbrige Metallscheibe und einen Mann und eine Frau in Overalls, die auf das Haus zukamen. Aus irgendeinem Grund hatte sie keine Angst, und sie wartete, als sie die Treppe heraufkamen und auf sie zugingen. Sie sahen wie normale Menschen aus, aber sie strahlten Frieden und Selbst-Beherrschung aus.

„Wir bringen dir eine Botschaft", sagte der Mann leise, und mit fester Hand ergriff er ihren Oberarm. Nachdem er seine Botschaft übermittelt hatte, endete er, „Du wirst dich nicht daran erinnern, was ich gesagt habe, erst in der Zukunft, wenn es gebraucht wird." Dann ließ er ihren Arm los und sagte, „Nun geh wieder ins Bett."

Als sie sich umdrehten und die Treppe hinunter gingen, ging Pearl zurück ins Zimmer. Zu ihrer Überraschung sah sie dort ihren physischen Körper im Bett liegen. Verblüfft sagte sie dann nach einem Augenblick, „ICH BIN" das Kommando hier und gehe in meinen Körper zurück", und das nächste, was sie wusste, war, dass es Morgen war.

„Jerry, Jerry", sagte Pearl, „Vergangene Nacht hatte ich einen höchst erstaunlichen Besuch".

„Das musst du geträumt haben", sagte er.

„Nein, es war real", bekräftigte Pearl und rieb sich den Arm, wo der Weltraumreisende sie ergriffen hatte, und der immer noch schmerzte. Als sollte der Arm ihr die Bestätigung dafür geben, dass der Besuch wirklich stattgefunden hatte, schmerzte er noch einige Tage lang. Erst fast dreißig Jahre später begann sie sich allmählich daran zu erinnern, was ihr gesagt worden war, dass diese Menschen aus dem Weltraum unsere Vorfahren waren, die eng mit den Aufgestiegenen Meistern zusammenarbeiteten, um für die Menschheit den Göttlichen Plan zustande zu bringen.

Im März 1954 bekam Pearl einen Anruf von einem Freund, der sie zu einem Besuch bei George Adamski einlud, dessen Buch über UFOs gerade herausgekommen war.[32] Er behauptete, tatsächlich an Bord der Raumfahrzeuge gewesen zu sein, und um für das Buch Werbung zu betreiben, sprach er im Veterans Memorial Auditorium in Santa Rosa. Am Ende der Ansprache traf er sich mit Pearl in einem anderen Raum, zündete sich eine Zigarette an, und sagte, „Sie haben mir etwas zu sagen."

Nichtsahnend, was das sein könnte, richtete sie ihre Aufmerksamkeit nach innen und dachte, „ICH BIN die Gegenwart, die mir sagt, was ich sagen soll."

Als eine Mitteilung auf ihrem geistigen Bildschirm aufblitzte, sagte sie, „Sie sollen damit aufhören, die Leute zum Narren zu halten und ihnen zu erzählen, dass Sie in Raumschiffen fliegen."

„Ja, ich weiß", sagte er, und schaute schuldbewusst nach unten. „Noch etwas?"

Als sie die Zigarette sah, die von seinen Lippen hing, war sie drauf und dran zu sagen, er solle aufhören zu rauchen. „Ich weiß, ich weiß", sagte er, nahm die Zigarette aus dem Mund, warf sie auf den Beton-Boden und zertrat sie mit dem Absatz seines Schuhs, dann drehte er sich um und ging fort.

Jahre später, 1975, sollte Pearl einige Male von Oberstleutnant a. D. Wendelle Stevens besucht werden, der das US Luftwaffengeschwader kommandiert hatte, das die Arktis kartographiert hatte. Seine Mannschaften pflegten viele UFOs auf dem Eis zu fotografie-

---

[32] George Adamski und Desmond Leslie, *Fliegende Untertassen landen,* Europa, 1954.

ren, und wie sie aus dem Eis des Ozeans kamen. Er war gerade in der Schweiz gewesen, um bei Eduard „Billy" Meier nachzuforschen, dem Schweizer Bauern, der von einer Kosmonautin namens Semjasse von den Plejaden besucht worden war. Pearl fühlte, dass diese Besuche echt waren, aber sie war skeptisch gegenüber der Information, die Meier, als nach etwa einem Jahr die Besuche aufgehört hatten, durch Channelings zu verbreiten begann. Allmählich entwickelte Pearl eine Sensitivität für diese älteren Brüder und Schwestern aus dem Weltraum, und gab dies auch kund, wenn sie fühlte, dass diese mit Leuten im Raum arbeiteten.[33]

---

[33] Wendelle Stevens (1923-2010), Autor von *UFO Contact from the Pleiades: A Preliminary Investigation Report,* mit Lee Elders, Genesis II, 1980, und erster Direktor der APRO, [Investigations for the Aerial Phenomena Research Organization], der Untersuchungsorganisation für Lufterscheinungen, in Tuscon, Arizona.

Ruf zum Mount Shasta

Mount Shasta, in sieben weiße Gletscher gekleidet, ragte schroff am Horizont auf. Seit Pearl in *Unveiled Mysteries* über die Begegnung von Godfre Ray King mit Saint Germain an seinen Hängen gelesen hatte, fühlte sie sich zum Berg hingezogen. 1956 fuhren Pearl und Jerry durch das felsige Städtchen Dorris, wo er aufgewachsen war. Der Berg war nur sechzig Meilen weit weg und schien sie wie ein Magnet anzuziehen. Später an diesem Tag kamen sie in der Stadt Mount Shasta an, die damals nur ein kleines Fabrikstädtchen am Fuße des Berges war.

Sie schauten sich gleichzeitig an und erkannten, dass sie beide den gleichen Gedanken hatten, nach Mount Shasta umzuziehen. Sie gingen zu einem Immobilienmakler, um zu sehen, was zur Verfügung stand. Sie wussten, wenn sie umziehen sollten, dann würde es leicht geschehen, ein Zeichen dafür, dass es ein Plan des Meisters war, nicht nur eine vorübergehende Laune.

Trotz der Beharrlichkeit des Immobilienmaklers, fühlten sie sich zu keinem der gezeigten Häuser hingezogen; doch wie zufällig kamen sie immer wieder bei einem kleinen Landhaus unter einigen aufragenden immergrünen Bäumen an. Es stand nicht zum Verkauf, aber als der Makler den Eigentümer anrief, stellte er fest, dass dieser verkaufen wollte. Pearl und Jerry erkannten nun, dass diese Umstände mit ihren inneren Gefühlen übereinstimmten, ein sicheres Zeichen der Führung – so machten sie ein niedriges Angebot, das sofort angenommen wurde.[34] Fast ohne Anstrengung zogen sie in die Stadt, die unter mystisch Suchenden legendär war.[35]

---

[34] Pearl sagte oft, dem Gefühl im Herzen zu folgen, ist der einzige Weg, um wahre Führung von den vielen falschen Stimmen zu unterscheiden.

[35] Mount Shasta, weltbekannt als einer der sieben großen mystischen Berge, ist von berühmten spirituellen Lehrern besucht worden, wie Madame H. P. Blavats-

Vom Verkauf der Ranch in Santa Rosa hatten sie genug Geld übrig, um auch eine kleine Ranch in der Nähe von Edgewood zu kaufen. Sie vermieteten ihr neues Haus und zogen auf die Ranch. Abermals fand Pearl sich beim Einmachen von Früchten und Gemüse in einer dampfenden Küche wieder, und beim Essenkochen für Farmhelfer, und sie half Jerry, Löcher für Zaunpfosten in die harte Lava-Erde zu graben. Sie mussten die Pfosten mit Feuer in einem 200-Liter-Fass verkohlen, damit sich keine Insekten in sie hineinbohren konnten. Heute sind die Zäune, zu deren Errichtung sie so schwer gearbeitet hatten, immer noch in Gebrauch.

Einige Jahre später zogen sie wieder um, dieses Mal auf die Ostseite des Berges, in die Stadt Burney, wo Jerry angestellt wurde, um eine weitere Ranch zu leiten. Während dieser Zeit dort machten sie einen Fernlehrgang für Motel-Management. Sie bestanden zwar den Kurs, hatten aber noch keine praktische Erfahrung. Als sie eines Tages umherfuhren, kamen sie bei einem kleinen Motel an und beschlossen, dem Eigentümer ein Angebot zu machen. Sie wollten das Motel an Wochenenden kostenlos leiten, nur um Erfahrung zu sammeln. Da die Eigentümer keinen Urlaub gehabt hatten, seit sie das Motel vor zwanzig Jahren gekauft hatten, waren sie außer sich vor Freude – und das Paar war bald fort.

Gegen Ende des Tages stellte Pearl fest, dass, wenn sie ein vorbeifahrendes Auto gesegnet hatte, dies oftmals anhielt und zurückkam, und die Leute ein Zimmer mieteten. Dies ging so einige Stunden lang, bis das Motel ausgebucht war und sie das Schild „Belegt" aushing.

Als die Eigentümer am Sonntag zurückkamen, waren sie fassungslos, denn in all den Jahren, seit sie das Motel hatten, waren nie alle Zimmer belegt gewesen.

---

ky, Meher Baba, Swami Vivekananda, Mata Amritanandamayi und vielen ehrwürdigen tibetischen Lamas.

„Was um Himmels Willen haben Sie gemacht?", fragte die Frau.

„Oh, ich habe den Leuten nur Liebe gesandt", antwortete Pearl.

Schließlich sagten die Eigentümer der Ranch in Burney, sie würden Jerry nicht mehr brauchen, da sie sie wieder selber leiten würden, und Pearl und Jerry zogen wieder zurück in ihr Heim in Mount Shasta. Sie mussten sich aber dennoch einen Lebensunterhalt verdienen, also legten sie das sehr gute Empfehlungsschreiben von dem Motel, das sie geleitet hatten, beim Mountain Air Motel (jetzt Shasta Inn) auf dem South Mount Shasta Boulevard vor, und sie wurden als Paar für die Leitung des Motels angestellt. Als für Pearl die spirituelle Arbeit begann, bekam Jerry eine Anstellung beim Shasta Royal Motel südlich von Dunsmuir. Als dieses von der Saint Germain Foundation aufgekauft und in ein ICH BIN-Sanktuarium umgebaut wurde, bekam er wieder eine Anstellung in Mount Shasta im Tree House Motel. Das befreite Pearl davon, für den Lebensunterhalt hinzuverdienen zu müssen, sodass sie für die Schüler bereit war, die die Meister bald schicken würden.

Diese Zaunpfosten setzten Pearl und Jerry auf ihrer Ranch in Edgewood

KAPITEL 20

HAIGHT-ASHBURY

Nachdem Pearl während ihres Dienstes für die Aufgestiegenen Meister bei Godfre Ray King die spirituelle Beschleunigung erhalten hatte, kehrten sie und Jerry zu dem zurück, was man in den 1950er Jahren für ein normales Leben hielt. Auch wenn sie tiefe innere Weisheit erlangt hatten, war die westliche Kultur doch ausgerichtet auf die Jagd nach den Acht Weltlichen Dharmas: Anhaftung an Freude, Vermeidung von Leid; Streben nach Berühmtheit, Vermeidung von Anonymität; Streben nach Lob, Vermeidung von Tadel; Streben nach Gewinn, Vermeidung von Verlust – Polaritäten, welche fortgesetzte Wiederverkörperung auf der Erde garantierten, wieder und wieder.

Diese Ziele waren gut nachvollziehbar in Hinblick auf die vorangegangene Generation, die während der Großen Depression aufgewachsen war, während der viele ums Überleben zu kämpfen hatten und sich zu den Glücklichen zählten, wenn sie einen Platz zum Schlafen hatten und drei Mahlzeiten am Tag. Dann kam der zweite Weltkrieg. Als die Männer danach nach Hause zurückkehrten, war es nicht mehr die gleiche Welt. Die Frauen hatten sich als unabhängig erwiesen, und die alten Beziehungs-Strukturen funktionierten nicht mehr. Die Menschen wussten nicht, wie man kommuniziert und unterdrückten ihre Gefühle. Die Kinder fühlten das Leiden ihrer Eltern und warteten auf einen Ausweg.[36]

---

[36] John Welwood prägte den Ausdruck „Spiritual Bypassing", spirituelles Überbrücken, um diese Tendenz zu beschreiben, dass Spiritualität dafür benutzt wird, ungelösten emotionellen Problemen nicht ins Auge zu sehen. Siehe sein Buch, *Psychotherapie & Buddhismus: Der Weg persönlicher und spiritueller Transformation*, Arbor, 2010. Siehe auch Robert Augustus Masters, *Spiritual*

Dieses Versprechen der Freiheit kam in den 1960er Jahren in Form von Drogen, Sex und Rock ‚n' Roll. Es war die Zeit des *do your own thing*, Mach dein eigenes Ding, und Leute wie Timothy Leary sagten, „Antörnen, einstimmen und aussteigen." Ohne Führung durch erleuchtete Wesen, törnten sich viele mit Drogen an und stiegen aus, ohne sich je eingestimmt zu haben. Jugendliche verließen ihr Elternhaus oder wurden hinausgeworfen, schlossen sich Kommunen an, oder lebten auf der Straße auf der Suche nach Wahrheit durch Erfahrung. Viele versammelten sich in San Francisco, besonders im Stadtteil Haight-Ashbury, der zu einer Oase der Gegen-Kultur wurde. Rock-Gruppen wie The Mamas and the Papas machten die Gegend sogar noch berühmter mit Liedern wie ‚California Dreamin', dem kalifornischen Traum.

Es war 1969, als Pearl und Jerry in dieser Szene landeten, scheinbar zufällig. Als sie versucht hatten, eine Abkürzung durch San Francisco zu fahren, fanden sie sich auf der Haight Street von einer Gruppe von Hippies umzingelt, die zu einem Rock-Konzert im Golden Gate Park ging. Ein bärtiger, barfüßiger und Marihuana rauchender Mann klopfte auf die Motorhaube des Autos. Jerry erstarrte, aber der Mann lächelte und rief, „Hey man, werde locker!"

„Dreh dein Fenster hoch", rief Jerry zu Pearl, „Diese Leute schauen gefährlich aus."

Ein Mädchen in einem altmodischen Kleid und einem perlenbesetzten Stirnband ging auf Pearl zu, lehnte sich durchs Fenster und gab ihr eine Blume.

„Ich liebe dich", sagte sie, und ihre großen braunen Augen schauten in die Augen von Pearl.

„Danke", sagte Pearl, und lächelte tief berührt zurück.

Während sie zuschauten, wie diese Menge vorbeizog, hörte Pearl ihre Innere Gegenwart sagen, „Das sind deine Leute." Als sie dar-

---

Bypassing: When Spirituality Disconnects Us from What Really Matters, North Atlantic Books, 2010.

über nachdachte, was das zu bedeuten hatte, erinnerte sie sich, dass Saint Germain einmal gesagt hatte, „In der Zukunft werden junge Leute mit weit geöffneten Augen zu dir kommen, und sie werden von heut auf morgen spirituell erwachen."

„Sind das diese Leute?", fragte sich Pearl.

Die Rock-Gruppe Crosby, Stills and Nash spielten in diesem Sommer in San Francisco, und der Leadgitarrist Ethan, der Bruder von David Crosby, sollte bald nach Mount Shasta umziehen – und einer der ersten dieser neuen Generation sein, die in Pearls Wohnzimmer saßen.

Pearl und Jerry zu Hause (Foto von Leila)

Kapitel 21

Zwei von den Meistern Gesandte

Pearl und Jerry lebten ein ruhiges Leben, blieben für sich allein und sagten niemanden etwas von ihrer Aktivität bei der Saint Germain Foundation. Mrs. Ballard hatte zwar eine größere Niederlassung der Saint Germain Foundation in Mount Shasta geschaffen, aber die Ortsansässigen begegneten deren Mitgliedern mit Misstrauen, wegen ihrer merkwürdigen Kleider-Ordnung und der Arroganz, mit der sie auf Nichtmitglieder herabschauten.

Im neunzehnten Jahrhundert lebten neun verschiedene amerikanische Urvölker in Sichtweite des Berges. Um 1820 kamen viele weiße Siedler in diese Gegend, die schnell bevölkert wurde von Minenarbeitern, Holzfällern, Fabrikarbeitern und von italienischen Familien, die im Tal Obstplantagen anlegten. Es war berühmt für seine Erdbeeren und wurde einst Strawberry Valley genannt, dann Berryvale und Sisson. 1905 wurde es schließlich als Town of Mount Shasta eingetragen, 1925 dann als City of Mount Shasta.

Pearls Arbeit begann an ihrem Geburtstag, am 20. Oktober 1972, mit der Ankunft zweier junger Suchender, Jim und Telos.[37] Sie waren zum Golden Mean Metaphysical Bookstore in Ashland, Oregon gekommen und hatten nach den Aufgestiegenen Meistern gefragt. Die Inhaberin, Maxine McMullen schickte sie nach Mount Shasta, und gab ihnen die Telefonnummer von Fran Lewis, von der

---

[37] Telos hatte den Namen einer mystischen Stadt angenommen, die angeblich im amerikanischen Südwesten im Gebiet des Vierländerecks lag, wie George Hunt Williamsen behauptet, der Autor von *Secret Places of the Lion*, Neville Spearman, 1958. Eine Hellseherin, die sich Sharula nannte, nach einer Romanfigur, über die sie in einem Roman gelesen hatte, verlagerte diese Stadt zum Mount Shasta. Siehe Juan Hunu, *Mount Shasta Myths Exploded: Adama, Sananda and the Recent City of Telos*, www.smashwords.com, 2012.

sie annahm, sie könne ihnen weiterhelfen.[38] In der Stadt angekommen, lud Fran sie ein, vorbeizukommen, denn sie hatte gerade eine Geburtstagsfeier ausgerichtet für ihre Freundin Pearl.

Wenngleich Pearl Feiern nicht mochte, so war Fran eine ihrer frühen Unterstützer gewesen, und sie fühlte, dass sie teilnehmen musste. Es waren nur ein halbes Dutzend Leute da, aber als sie Jim und Telos sah, erschrak sie, da sie ihre Gesichter aus einem nicht lange zurückliegenden Traum wiedererkannte. Sie hatte den Traum für sich behalten und verließ nun die Feier, sobald es auf höfliche Weise möglich war. Sie war kaum zu Hause angekommen, als es an ihre Tür klopfte. Als sie öffnete, standen da Jim und Telos.

„Also, das ist eine Überraschung! Was bringt euch hierher?", fragte Pearl. „Und woher wisst ihr, wo ich wohne?"

„Wir sind dir nachgegangen", sagten sie verlegen. „Wir wollen etwas über die Aufgestiegenen Meister erfahren, und als wir deine Energie fühlten, da wussten wir, du musstest mit ihnen in Verbindung sein. Bitte sage uns, was du weißt."

Pearl lud sie zögernd ein, hereinzukommen, sagte aber, „Ich habe nicht so viel Zeit für euch, da mein Mann zur Arbeit ist und bald nach Hause kommt."

Sie erzählte ihnen ein wenig von den Meistern, besonders über Saint Germain und seine Lehre über die ICH BIN-Gegenwart. Sie half ihnen, ihren Verstand zu beruhigen, ihre Aufmerksamkeit nach innen zu richten und mit ihrer eigenen ICH BIN-Gegenwart Verbindung aufzunehmen. Zutiefst bewegt von dem Licht, das sie gespürt hatten, dankten sie Pearl und machten sich auf, um zu gehen. In der Tür zögerten sie und sie fragten, „Können wir irgendwann mal wiederkommen?"

---

[38] Ebda., Fran Lewis, Schwester Thedra und Schwester Wali, waren Anhänger eines der ersten Gurus des Neuen Zeitalters in Los Angeles, Krishna Venta, worauf in dem Buch von Juan Hunu Bezug genommen wird. Nach dessen Ableben 1958 zogen diese drei Frauen nach Mount Shasta und begannen ihren früheren Lehrer zu channeln, immer noch in dem Glauben, dass er der Christus sei.

„Ja, irgendwann", sagte Pearl, und sie hätte sich nicht träumen lassen, dass sie bereits am nächsten Wochenende wieder da sein würden, diesmal mit einem Auto voll Freunden, und dass an ihrem 67. Geburtstag ihre wirkliche Arbeit gerade angefangen hatte.

Von links nach rechts: Mary Carol Doane, Pearl Dorris, Bill Gaum, Debbie Kaemmerer und Peter Mt. Shasta, ca. 1980

Kapitel 22

Ich begegne Pearl

Am Ende der Straße liegend, umgeben von hohen Hecken und geschützt zwischen Kiefernbäumen, mutete Pearls Haus märchenhaft an. Ich ging durch das mit Rosen bedeckte Ranken-Gerüst mit einem Gefühl der Vorahnung, als würde ich einen Tempel betreten, aus dem ich für immer transformiert herauskommen würde. Am Ende des Plattenweges kam ich zu einer schweren, nach oben abgerundeten Eichentür und stand zögernd davor, ehe ich den eisernen Klopfer mit einem entschiedenen Rums fallen ließ.[39]

Die Tür wurde geöffnet von einer Frau in ihren 60ern mit einem liebenswürdigen Gesicht, aber mit bohrenden nussbraunen Augen, die unbeirrt und durchdringend wie die einer Eule waren, und sie sagte, „Komm herein, ich habe dich erwartet."

„Sie haben mich erwartet?", gab ich zurück, und fühlte bereits die gewöhnliche Wahrnehmung schwinden, als sie mich in ein gemütliches Wohnzimmer geleitete und mir einen Stuhl gegenüber ihrem zuwies.

„Der Meister Saint Germain kam heute Morgen zu mir und sagte, er würde jemanden zu mir schicken", sagte sie, als ob sie tägliche Besuche von den Meistern, die die Geschicke der Menschheit lenkten, gewohnt war.

„Wirklich?", schluckte ich heftig, und fragte mich, ob er vielleicht in einem Hinterzimmer war und jeden Augenblick eintrat. Pearl winkte mich näher.

Ich schaute auf das *Reader's Digest* auf dem Tisch neben ihr, und auf den Wandteppich mit Rehen, die durch den Wald liefen,

---

[39] Dieses Kapitel ist zum Teil ein Auszug aus meiner Autobiografie, *Abenteuer eines Westlichen Mystikers*, Band 2, Kap. 3.

und fragte mich, „Nach all den Wanderungen in Indien, wo ich zu Füßen fast nackter Gurus mit Rastalocken gesessen hatte, die sich Asche und gefärbte Paste in ihre Gesichter schmierten, hat mich Gott wirklich in diese abgelegene Stadt gebracht, um spirituelle Lehren von einer großmütterlichen Hausfrau zu empfangen?"

„Also, wen hast du in Indien besucht?", fragte Pearl.

„Im Laufe der vergangenen zwei Jahre habe ich sehr viele verschiedene Heilige und Weise besucht", erklärte ich, „Neem Karoli Baba, Anandamayi Ma, Shivabala Yogi und viele andere; aber gerade vor kurzem noch Sathya Sai Baba."

Als ich Sai Baba erwähnte, hellte sich ihr Gesicht auf und sie rief aus, „Oh, er ist wunderbar!"

„Kannst du ihn fühlen?", fragte ich.

„Fühlst du ihn nicht? Er ist direkt hier im Zimmer."

Als ich meine Aufmerksamkeit nach innen wandte, fühlte ich ihn plötzlich, und ich war den Tränen nahe. Ich hatte seine überwältigende Liebe nicht mehr gefühlt, seit ich vor zwei Monaten zu seinen Füßen gesessen hatte.

„Wie hast du das gemacht?", fragte ich.

„Was gemacht?"

„Wie hast du ihn hierhergebracht?"

„Ich habe ihm einfach Liebe gesandt, genauso, wie ich Liebe zu einem Aufgestiegenen Meister senden würde, und er hat geantwortet. Das ist das Gesetz ihres Wesens. Wenn du ihnen Liebe sendest, werden sie zu dir hingezogen. Ich hatte gesagt, ‚Sai Baba, ich liebe dich und möchte mehr über dich wissen', und er hat geantwortet."

Da saßen wir in Glückseligkeit und empfingen den Darshan von Sai Baba, der uns mit Wellen der Liebe überflutete. Plötzlich schaute Pearl zu mir auf und fragte, „Und wer ist das nun?"

„Wen meinst du?"

„Es ist noch ein weiterer Meister hier, auch aus Indien. Er hat einen Turban auf und steht neben dir. Ich frage, wer er ist."

Sie wurde still, schaute einen Augenblick auf den Boden, dann schaute sie wieder auf. „Bedeutet der Name Vivekananda irgendetwas für dich?"

„Sehr wohl, er war der erste indische Yogi, der den Yoga in Amerika einführte, und mein erster spiritueller Lehrer."

„Nun ist noch ein weiterer Großer da", sagte Pearl und nickte zu meiner anderen Seite. „Diesen habe ich schon einmal gesehen, an dem Tag, als er seinen Körper verließ. Sein Name ist Sri Aurobindo."

Pearl saß bewegungslos da, richtete ihre Aufmerksamkeit nach innen, während ihre Augen auf den Boden schauten, dann sagte sie, „Möchtest du meditieren?"

„Sicher", sagte ich, setzte mich auf den Boden, faltete meine Beine in die Lotusstellung, wie man es mich gelehrt hatte.

„Du brauchst dich zum Meditieren nicht auf den Boden setzen", sagte Pearl und lächelte.

„Wirklich?"

„Ja, du kannst genauso gut im Stuhl sitzend meditieren."

„Gut, ich versuch es", sagte ich und fühlte, als ich aufrecht im Stuhl saß, dass ich die yogische Tradition der strengen Einfachheit aufgab. Als ich meine Augen schloss, sprach Pearl eine weitere Anweisung aus, die mich wieder schockierte, „Du brauchst zum Meditieren auch nicht die Augen zu schließen."

„Was! Also das ist zu viel", dachte ich, "Nur weil die Westler bequem sind. Wie kann man in einem Stuhl sitzend mit offenen Augen meditieren?" Obwohl ihre Worte allem widersprachen, was man mich gelehrt hatte, entschied ich mich, dem nachzukommen, und ließ meinen Blick auf einen Punkt am Boden sinken.

„Augen nach oben", berichtigte sie mich. „Wir meditieren mit offenen Augen und schauen uns gegenseitig an. Der offene Blick vervollständigt den Kreis. Nun wende deine Aufmerksamkeit nach innen und fühle das Zentrum deines Seins. Fühle das große Licht im Inneren, das die Quelle deines Wesens ist."

Als ich tat, was sie sagte, fühlte ich in der Mitte meiner Brust eine Belebung. Als ich auf sie schaute, schien sie Energie von ihrem Herzen zu meinem auszuströmen.

„Nun sage still zu dir selbst, ‚ICH BIN das Lebendige Licht', und visualisiere eine Sonne in dir."

Ich tat, was sie verlangte, und wandte meine Aufmerksamkeit immer tiefer nach innen, während ich sie weiter anschaute, und als ich sagte, „ICH BIN das lebendige Licht", blitzte im Raum ein Licht auf.

„Das ist es!", rief ich vor Erstaunen.

„Das ist was?", fragte sie.

„Das Licht! Endlich sehe ich das Licht, von dem ich immer gelesen hatte, und von dem sie alle reden. Ich habe es im Inneren gesehen, aber ich habe es nie vorher nach außen kommen sehen. Das ist es, wonach ich gesucht habe. Ich bin durch die ganze Welt gereist, um es zu finden, und nun ist es da."

„Du hast mir gerade die Antwort auf meine Frage gegeben", sagte Pearl.

„Welche Antwort?"

„Man hat mir gesagt, meine Methode sei zu einfach, und dass ich sie aufgeben und dem östlichen Pfad folgen sollte. Ich habe Saint Germain gefragt, ob ich das tun soll, und er hat mir heute Morgen gesagt, ‚Heute wirst du deine Antwort bekommen'. Du hast mir die Antwort gegeben, die er versprochen hat."

Das Haus von Pearl und Jerry in Mount Shasta im Jahre 2014
(nun violett gestrichen)

KAPITEL 23

WIR RUFEN SAINT GERMAIN AN

„Nun, wie hast du heute zu mir gefunden?", fragte Pearl. Ich berichtete ihr von meinem Erlebnis in Muir Woods[*] – der Begegnung mit dem mysteriösen Fremden, der sich aus der Luft materialisiert hatte und mich aus dem Körper heraus in ein ätherisches Reich mitgenommen hatte. Er hätte mir erlaubt, dort zu bleiben, wenn ich es gewollt hätte, aber als ich die Pein der Menschheit sah, schien es keine andere Wahl zu geben, als zurückzukehren und zu helfen. Nachdem er mich nach Muir Woods zurückbegleitet hatte, transformierte sich mein Begleiter, den ich inzwischen als nicht normales Wesen erkannt hatte, vor meinen Augen in einen Meister in einer weißen Robe. Er sagte mir, dass ich die richtige Wahl getroffen hatte, und wir nun eng zusammenarbeiten würden. Seine Abschiedsworte waren, „Gehe nach Mount Shasta. Die erste Person, die du dort treffen wirst, wird dir sagen, was du als nächstes tun sollst. Diese Person war Stephen im Bioladen, und er hat mir gesagt, „Du musst Pearl kennenlernen."[40]

Ohne Überraschung zu zeigen, und mit einem schelmischen Augenzwinkern fragte Pearl, „Und wer glaubst du, wer der Fremde im Muir Woods war?"

Ich nickte zu dem Bild von Saint Germain, das ich an der Wand sah.

„Er ist jetzt hier, und er gibt zu verstehen, dass er dir helfen will", sagte sie.

---

[*] Schutzwaldgebiet mit Mammutbäumen, 15 km nördlich von San Francisco [d. Übers.].
[40] Siehe *Abenteuer eines Westlichen Mystikers*, a.a.O.

„Was sagt er?", fragte ich, und war erstaunt, dass der Meister plötzlich, aus heiterem Himmel, so viel Interesse an mir zeigte. Ich fragte mich, „Wo war er während meines ganzen Lebens, während meines ganzen Leidensweges? Warum hat er bis jetzt gewartet mit seinem Erscheinen? Wo war er in der Vergangenheit, als ich zu Gott betete, und niemand hat geantwortet?"

„Ich kann dir nicht sagen, was er sagt, weil mir nicht erlaubt ist, die Worte eines Meisters zu channeln", antwortete Pearl. „Die Meister erlauben ihren Schülern nicht zu channeln, außer bei den seltensten Gelegenheiten, denn die Meister – die Göttliche Wesen sind – können ihre Wünsche *direkt* durch dein Bewusstsein und deine Gefühle vermitteln. Vielleicht hörst du die Worte nicht, die sie sagen – weil dein Verstand nur Einwände gegen sie vorbringen und sich einmischen würde. Stattdessen vermitteln sie Informationen an deinen Höheren Mental-Körper, zu denen du später spontan als Intuition Zugang haben wirst."

Ich erinnerte mich nun beschämt daran, wie ich mit Saint Germain im Jahr zuvor am Berg gestritten hatte, nicht wissend, wer er war. Er war in seinem feinstofflicheren Körper gekommen und hatte direkt zu meinem Verstand gesprochen und mir gesagt, ich solle meinen Namen ändern, wie auch viele andere Dinge, die ich nicht tun wollte. Es ist nicht verwunderlich, dass die Meister zögern, den Leuten die Zukunft vorherzusagen, denn es ist häufig nicht *die* Zukunft, die sie sich wünschen. Nun sagte Pearl, wie ich Saint Germain in mir selbst kontaktieren und mich mit seinem Bewusstsein vereinigen konnte.

„Geh in dich und richte deine Aufmerksamkeit auf das Zentrum deines Wesens und sende Liebe zu Saint Germain – bekräftige seine Gegenwart in dir, in dem Wissen, dass dein Herz und sein Herz Eins sind – und du wirst seine Gegenwart fühlen. Das wird den Weg für ihn eröffnen, direkt mit dir durch dein Herz zu arbeiten."

Ich schloss meine Augen, aber Pearl befahl mir noch einmal, „Öffne deine Augen! Wende deine Aufmerksamkeit nach innen auf das Zentrum deines Seins und sage still in dir selbst, ‚ICH BIN die Gegenwart von Saint Germain!'

„Fühle die Sonne in deinem Herzen, und in dieser Sonne fühle seine Gegenwart. Du beanspruchst nicht, der Meister zu sein, sondern du lernst zu erkennen, dass das Bewusstsein des Meisters und deines Eins sind.

„Die Meister sind nicht von dir getrennt", fuhr Pearl fort, „Es gibt für sie keine Entfernung oder Zeit – wo du bist, sind auch sie. Die Einheit mit Saint Germain ist möglich, weil die Energie des Siebten Strahls, von dem Saint Germain der *Chohan* (Lenker) ist – in dir ist. Diese Energie ist ein Teil von dir, wie ein Teil deines eigenen inneren Regenbogens, den du anrufst, der Teil von dir, mit dem die Meister korrespondieren.

„Ebenso wie das Tageslicht aus allen sieben Farben des Spektrums besteht, so bestehst auch du aus allen sieben Strahlen der Schöpfung. Es gibt für jeden Strahl einen Aufgestiegenen Meister, der Cohan dieses Strahls ist, wir rufen aber nur den Siebten Strahl an.[41]

„Er schaut auf dich, und du solltest ihn anrufen, wenn du seine Hilfe willst, wenn du ihn in dein Leben rufen willst. Es ist die gleiche Methode, wie du Jesus anrufen würdest. Um mit Saint Germain Verbindung aufzunehmen, brauchst du nur in dich zu gehen und dein Herz zu öffnen. Die zwei sind Brüder, die zusammenarbeiten. Der Meister sieht dich nicht als getrennt von sich, sondern als ein Teil von sich selbst, und so sollst auch du ihn sehen, und nicht zögern, ihn in Anspruch zu nehmen. Wenn du sagst, ‚ICH BIN hier, ICH BIN da, ICH BIN überall', berührst du sein Bewusstsein – das Bewusstsein, dass in dem Einen das Viele ist, und in dem Vielen ist der Eine."

---

[41] Der Siebte Strahl ist der des aufkommenden Wassermannzeitalters. Für weitere Informationen siehe: Alice A. Bailey, *Die Strahlen und die Einweihungen*, Lucis, 1992.

Ich tat, wie Pearl anwies, und wiederholte wieder und wieder zu mir selbst,

ICH BIN die Gegenwart von Saint Germain.

Zuerst fühlte ich nichts, nur peinliche Stille. Dann begann ich einen Strom des Glücks zu fühlen, begleitet von einer elektrisierenden Gegenwart. Die Atmosphäre des Raumes schien mit violettem Licht aufgeladen zu sein. Pearl bestätigte die plötzliche violette Tönung in der Atmosphäre und sagte, „*Das* ist der Meister Saint Germain – und er ist sehr glücklich. Er hat *Verve* – ein Wort, das aus Vitalität und Nerv zusammengesetzt ist. Verve bedeutet, ‚auf geht's' – aber mit einem Sinn für Humor."

Ich hatte gedacht, dass die Meister immer ernst sind, aber nun hätte ich schwören können, dass der Meister lachte, und ich musste mich zusammennehmen, dass ich nicht auch lachte.

„Lachen die Meister, Pearl?"

„Ja, Saint Germain hat viel Sinn für Humor. Tatsächlich lacht er jetzt."

Ich lachte schließlich doch, und als ich mich entspannt hatte, ging ein Energiestrom vom Scheitel bis in die Mitte meiner Brust, und erfüllte meinen Körper mit Licht. Im Zentrum meines Seins hörte ich die Affirmation ständig widerhallen,

„ICH BIN DER ICH BIN ... ICH BIN DER ICH BIN ... ICH BIN DER ICH BIN."

Während sich das Bewusstsein über die Quelle in meinem Herzen verankerte, wurde die violette Tönung im Raum stärker. Ich schaute Pearl weiterhin in die Augen und war erstaunt, als sich ihre physische Form in eine leuchtende Kugel aus goldenem Licht aufzulösen schien. In diesem zeitlosen Bewusstsein gab es keine Vergangenheit oder Zukunft, nur das Jetzt, und wir badeten beide im Licht dieser inneren Sonne.

Als das Licht schwächer wurde, wurde ich mir meines Körpers allmählich bewusst, und dass Pearl mir gegenübersaß. Es war kaum zu glauben, dass diese Transformation nicht zu Füßen eines indischen Yogi geschehen war, sondern während ich in einem Stuhl im Zimmer dieser älteren Dame saß. Ich schaute noch einmal zu dem Wandteppich mit den äsenden Rehen und zu den hölzernen Elfen, die mich von ihren Hochsitzen im Regal schelmisch anstarrten. Dann fuhr Pearl fort, als ob sie den Inhalt meiner Gedanken sehen konnte.

„Auch wenn du keine Worte der Führung gehört hast, wurde dir dennoch Führung gegeben sowie Ermutigung und Nahrung, die der Meister deinem Höheren Selbst verliehen hat, und wenn es erforderlich ist, wirst du auf diese Information zugreifen können. Würde ich eine Mitteilung channeln, würde dich das nur schwächen, da es dich veranlassen würde, außerhalb von dir zu suchen. Die Meister wollen, dass du für die Antworten in dich gehst, und auf diese Weise wirst du ein Meister werden und nicht ein ewiger Schüler der Meister.

„Bei seltenen Gelegenheiten haben die Meister spirituelle Diskurse durch weit fortgeschrittene Individuen gegeben, die über viele Jahre gut darauf vorbereitet worden sind, wie mein Mentor Godfre Ray King. Jedoch gaben die Meister zu solchen Zeiten spirituelle Gesetze bekannt und verliehen eine Strahlung, die die Selbst-Wahrnehmung der anwesenden Individuen stärkte, sie gaben keine Prophezeiungen, welche die Menschen mit Angst erfüllen, oder sie dazu veranlassen, wiederzukommen für noch mehr Informationen und hochklingende Initiationen, durch die sie sich überlegen fühlen."[42]

---

[42] Eine der Hauptursachen der Uneinigkeit in der Theosophischen Gesellschaft und anderen spirituellen Gruppen, ist das kaum verhüllte Streben des Ego, den Kollegen voraus zu sein, in der vermeintlichen Erlangung immer größerer Segnungen und Initiationen. Die Schönheit an der Lehre von Pearl, wie auch an der von Jesus, ist ihre höchste Einfachheit, dass das Königreich Gottes in dir in jedem Augenblick gegenwärtig ist.

„Jeder Kontakt zu einem wahren Meister bringt eine Person näher zur Quelle im Inneren und hinterlässt in ihr das Gefühl von Ermächtigung. Nur falsche Propheten versuchen die Aufmerksamkeit auf sich selbst zu ziehen, oder sie bombardieren ihre Anhänger mit einem nie endenden Strom von Informationen und Prophezeiungen, die zum größten Teil Unfug sind.

„Was das Verlangen von Geld angeht, um einen Meister sprechen zu hören", fuhr Pearl fort, „Niemand, der überhaupt so gesegnet ist, in der Gegenwart eines Meisters zu stehen, würde jemals auf den Gedanken kommen, von jemandem für dieses Privileg Geld zu verlangen und sich anmaßen, nur er oder sie könne dieses Privileg für sich beanspruchen. Wenn Leuten aus finanziellen Gründen ein Meister vorenthalten wird, dann weißt du, dass dort kein Meister anwesend ist, jedenfalls kein spiritueller Meister. Ich rede nicht von Kostendeckung, oder von der Bitte um Spenden.

„Viele aufrichtige Menschen glauben die Meister zu hören, aber die meisten hören nur ihren eigenen Verstand, oder kontaktieren entkörperte Geister, die sich als Meister verkleiden und umherschweifen und ihren Anhängern Energie absaugen. Wenngleich die Informationen, die diese Channelnden geben, manchmal zutreffend oder inspirierend sein mögen, so können sie ebenso gut auch unwahr sein – und Angst, falsche Erwartungen und schädliche Handlungen hervorrufen. Diese erdgebundenen Entitäten wissen, dass sie mit Honig mehr Fliegen fangen als mit Essig, also verbinden sie irreführende Informationen mit genauen Beobachtungen und schmeichelnden Bemerkungen, die das Ego ansprechen, und sagen dir, wie großartig du in vergangenen Leben warst, oder wie großartig du in der Zukunft sein wirst.

„Die höchste Form der Führung manifestiert sich als spontane Handlung, frei von Denken. Sie strömt intuitiv aus dem Zentrum deines Seins, ohne interpretiert werden zu müssen. Man *tut einfach das Richtige!* Man weiß, was man braucht, wann man es braucht, und man handelt in diesem Augenblick vom Höheren Selbst aus, ohne Vermittler."

Pearl machte eine Pause und erklärte dann weiter, wie die Meister arbeiten. „Die Meister lenken und führen meistens sogar, ohne dass man es weiß, lassen einen die Führung als Intuition oder sogar als Verlangen wahrnehmen. Man wird nur ein Meister, indem man lernt, sich auf das eigene Höhere Selbst einzustellen, auf das *ICH BIN DER ICH BIN,* nicht indem man Informationen von jemand anderem bekommt. Wie, glaubst du, wurden diese Wesen Meister?", fragte sie. „Indem sie sich ihres Höheren Selbst bewusst wurden, der gleiche Vorgang, durch den auch du ein Meister werden wirst. Es gibt keinen anderen Weg, und es ist nicht an einem Tag getan.

„Die Leute lesen ein Buch, nehmen an einem Seminar teil, oder bekommen ein Channeling, und glauben dann, Meister zu sein, und wollen Kurse geben. Es kostet Zeit und Anstrengung, das niedere Selbst zu überwinden, und strikte Folgsamkeit gegenüber dem Höheren Selbst und den Meistern. Saint Germain sagte einmal, 'Wenn ein Individuum völligen Gehorsam leistet, kann ich sogar einem Schuhputzer am Bahnhof helfen, sein Karma zu klären und in drei Jahren Befreiung zu erlangen'."

Bei dieser Neuigkeit richtete ich mich gerade auf, denn ich nahm sie als Angebot von Saint Germain. Pearl schaute mich mit einem wissenden Lächeln an, „Aber ich warne dich. Wenn du dich einmal auf diesen Weg begibst, wirst du ernsthaft geprüft werden – dessen kannst du dir sicher sein. Du gehst auf Messers Schneide. Wehe dem Schüler, der sich auf diesen Weg begeben hat und zurückgeht, denn *es gibt kein Zurück.*"

Pearl war fertig, und ich saß schweigend in meinem Stuhl und fühlte die große Kraft in dieser Ruhe. Nun wusste ich, warum ich hierher gebracht worden war. Mein ganzes Leben hatte auf diesen Moment hingeführt. Saint Germain hatte ein Angebot gemacht, die Tür zu dieser Großen Arbeit der Selbstmeisterung zu öffnen. Es ist ein paradoxer Weg, denn um ein Meister zu werden, verweilt man nicht bei den Meistern, sondern beim eigenen Ewigen Selbst. Die Meister helfen bei diesem Prozess, aber die eigentliche Arbeit findet im Inneren statt.

Die Worte, die sie sprach, resonierten so tief mit mir, dass ich schwor, jedes nötige Opfer zu bringen und mich auf jede nötige Weise zu disziplinieren – nichtsahnend, wie schwierig dies oft sein würde. Ich bat Saint Germain, dessen Gegenwart immer noch den Raum erfüllte, mich als seinen Lehrling anzunehmen – und ich wusste, er hört meinen Schwur. Ich erkannte jedoch noch nicht, wie bald die Lektionen beginnen würden, und wie schwer die Prüfungen in den nächsten paar Jahren sein würden. In diesem Augenblick, als ich im Wohnzimmer von Pearl saß, fühlte ich nur Hochstimmung, dass ich nach so vielen Jahren der Suche schließlich das Wesen gefunden hatte, das mich bei diesem heiligen Streben leiten würde.

Draußen war es dunkel geworden. Unsere Begegnung hatte Stunden gedauert. Nun, da ich fühlte, dass unsere Zeit zum Ende kam, stellte ich die Frage, die mir am Herzen gelegen hatte, seit sie mir die Tür geöffnet hatte. „Pearl, als ich eintrat, warum hattest du gesagt, du hast auf mich gewartet?"

Ihre Antwort war erstaunlich. „Vor vielen Jahren wurde ich am Neujahrsabend zum Retreat in den Königlichen Teton gebracht. Saint Germain hat dich mir vorgestellt und gesagt, dass er uns in der Zukunft zusammenbringen würde – dass ich dich für die Arbeit mit ihm vorbereiten sollte."

„An diesem Abend beging ich einen groben Fehler, für den ich schwer getadelt wurde", fuhr sie fort, „Nach nun fast dreißig Jahren wurde mir vergeben. Letzte Nacht wurde ich von jener besucht, der gegenüber ich unfolgsam gewesen war, und sie sagte mir, dass deine Ankunft unmittelbar bevorstehe."

„Und wer war das?"

„Die Meisterin Leto."

Pearl in ihrem Garten in Mount Shasta, ca. 1975

Kapitel 24

Die magische Schalttafel

Ich fühlte, dass ich die Botschaft von Pearl verstanden hatte, die nach all den aufwändigen trantrischen Visualisationen, die ich in Indien gelernt hatte, eine einfache war: *Meditiere auf das Licht im Inneren. Halte die Vision von dem, was du manifestieren willst, und verwende die Worte „ICH BIN", um deine Vision ins Leben zu rufen.* Was gibt es sonst noch? Ich war nicht jemand, der gerne in Gruppen zu Füßen eines Lehrers saß, und hatte nicht vor, sie noch einmal zu besuchen.

Doch als ich eines Tages in der Stadt umherfuhr, hatte ich das unmissverständliche Gefühl, ich sollte Pearl wieder besuchen. Ich widerstrebte, aber schließlich wurde das Gefühl so stark, dass ich auf den Parkplatz vom Safeway (heute Rite Aid) fuhr, den Motor abstellte, und dasaß, um meinen Verstand zu beruhigen. Aber es hatte keinen Sinn zu meditieren, denn ich konnte an nichts anderes denken, als an Pearl. Ich sah ständig ihr Gesicht vor mir, und je länger ich dasaß, desto nachdrücklicher wurde ihr Gesichtsausdruck. Schließlich sah ich ein Münztelefon auf der anderen Seite des Parkplatzes. Ich ging hinüber, warf eine Münze in den Schlitz und wählte ihre Nummer. Sie hob sofort ab, „Wo warst du? Du solltest schon vor einer Stunde hier gewesen sein!"

„Oh, ich habe nicht realisiert, dass ich nochmal wiederkommen sollte", stammelte ich entschuldigend.

„Du hast den Meister warten lassen", sagte sie, „Komm sofort hier herauf."

Da es eine kleine Stadt ist, stand ich nach wenigen Minuten vor ihrer Tür. Zu meiner Überraschung waren ein Dutzend weitere Autos an beiden Seiten der Straße geparkt, die vor ihrem Haus endete. Drinnen sah ich, dass alle ihre anderen Schüler in einem Kreis um sie versammelt waren. Ich setzte mich ruhig hin und hoffte, dass sie mich nicht wieder schelten würde.

„Nun, da alle da sind, können wir anfangen", sagte sie. „Die Meister haben mir gezeigt, dass es in China eine ernste Gefahr für ein Erdbeben gibt, und sie wollen, dass wir unsere Energie dort hinsenden. Wendet eure Aufmerksamkeit nach innen zu eurer Gott-Flamme im Zentrum eures Seins und fühlt dieses Große Christus-Licht. Nun sagt,

Ich bin die Sonne Gottes.

„Fühlt das Licht durch euch wogen, und lasst es sich nach außen ausdehnen. Stellt euch vor, ihr seid durchsichtig wie ein Kristall, und fühlt seine Strahlen euer Wesen und die Welt erleuchten. Ihr seid nun eine große Sonne, eins mit der Großen Zentralsonne, und ihr sagt still in eurem Inneren, ,ICH BIN die Sendung meines Lichtes nach China und stabilisiere die Erde dort mit der Kraft Gottes, die ICH BIN'. Wir bieten diese Energie den Aufgestiegenen Meistern an, um sie zu verstärken und nach Bedarf zu lenken."

Als wir dasaßen, eingetaucht in das Licht-Feld, das wir erschufen, fühlte ich, wie alles schimmerte, als würde es sich auflösen. Alles und jeder war in Licht getaucht. Nach einer Weile rief Pearl unsere Aufmerksamkeit zurück in die irdische Dimension und sagte, dass die Meistert in der Lage waren, das Erdbeben abzuschwächen, das sonst großen Schaden und Verluste an Menschenleben verursacht hätte, und dass sie ihren Dank ausdrückten.

„Nächstes Mal", sagte Pearl, und schaute mich direkt an, „Wenn du einen Drang fühlst, etwas zu tun, und er lässt nicht nach, ganz gleich, wie sehr du dich bemühst, ihn zu beseitigen, folge deinem Gefühl – denn Gott führt dich durch deine Gefühle."

Als ich ihr Haus verließ, fragte ich andere, ob sie Pearl angerufen hatten.

„Nein, wir haben nur den inneren Zug verspürt und kamen herauf. Als wir die anderen alle kommen sahen, wussten wir, dass wir den Inneren Ruf erhalten hatten. Wenn du einmal eingestimmt bist, können dich die Meister vom Kosmischen Schaltpult aus anrufen."

Danach schenkte ich diesen feineren Gefühlen mehr Aufmerksamkeit, die, wenn sie befolgt werden, zur richtigen Handlung führen. Ich kam zu der Einsicht, *dass ein Großteil der Meisterschaft nicht im Ausüben seines eigenen Willens besteht, sondern darin, sich dem Göttlichen Willen zu übergeben.* Wenn man in diesem Fluss ist, führt man ein Leben in Synchronizität und befindet sich immer am richtigen Ort zur rechten Zeit. Sobald man den Plan empfangen hat, wird die eigene Energie aufgerufen, deren Quelle Gott ist.

Während der nächsten Jahre sah ich dieses Göttliche Schaltpult oft in Aktion. Im Minutentakt erschienen bisweilen bis zu dreißig Leute aus der ganzen Stadt an Pearls Tür.

Bei einer anderen solchen Gelegenheit, als die Meister uns wieder baten, Energie beizusteuern, um ein Erdbeben abzuwenden, dauerte das Treffen bis in die Nacht. Die Energie wurde überwältigend und Pearl sagte, dass die Meister wollten, dass wir die ganze Nacht zusammenbleiben und bewusst unsere Körper verlassen sollten, um die gemeinsame Arbeit fortzusetzen. Jedenfalls konnten die Leute kaum gehen, geschweige denn fahren. Ich hatte immer einen Schlafsack dabei und eine Matte in meinem Van, da ich mich schon daran gewöhnt hatte, auf Missionen geschickt zu werden, die mich zu fast unzugänglichen Orten brachten, wo es keinen Platz zum Schlafen gab, außer hinten in meinem Van – so schlief ich im Freien mit meinem Kopf gegen die Wand von Pearls Haus gelehnt. Sie schickte Jerry auf den Dachboden, wo eine Liege stand, und verwandelte sein Schlafzimmer für die Nacht in einen Schlafsaal für die Mädchen. Die anderen Burschen schliefen auf dem Sofa oder auf dem Boden im Wohnzimmer in die Decken gehüllt, die Pearl aushändigte.

Als wir uns am Morgen in ihrem Wohnzimmer versammelten, sagte Pearl mit übernächtigten Augen, „Ihr werdet Teil der Großen

Weißen Bruderschaft. Es beginnt damit, dass ihr lernt, in kleinen Dingen wie diesem zu folgen, aber nach und nach werden euch größere Aufgaben anvertraut werden. Die Aufgestiegenen Meister gehen in ihrer Evolution ebenfalls nach oben, und eines Tages werdet ihr ihre Stellen einnehmen. Euer Alltagsleben ist eure Schulung für diese Meisterschaft."

Kapitel 25

Herausforderungen

Da die Anzahl der Suchenden zunahm, die zu Pearl kamen, nahmen für sie auch die Herausforderungen zu. Nicht jeder, der sie besuchte, war auch in der Lage, die einfache Schönheit ihrer Lehre zu begreifen, oder die intensive Energie aufzunehmen, die die Meister in ihrer Gegenwart ausstrahlten. Einige waren psychologisch unausgeglichen und hatten ungelöste persönliche Probleme, die sie auf Pearl projizierten. Einer dieser Menschen war ein junger Mann namens Thomas, der, wie der Apostel von Jesus mit gleichem Namen, alles bezweifelte. Pearl bat mich, mit ihm zu sprechen und herauszufinden, ob ich ihn dazu bewegen könnte, mehr zu seinem Herzen zu finden. Als ich ihrer Bitte nachkam, geriet er in Zorn.

Im Heim von Pearl unterbrach er sie an einem Abend mit einer Frage. Das hatte nie jemand getan, weil die Leute normalerweise auf eine so hohe Bewusstseinsebene angehoben waren, dass es nichts zu fragen gab. Die Frage von Thomas war jedoch nicht ein Verlangen, die Wahrheit zu erfahren, sondern eine Aussage, die den versteckten Stachel der Feindseligkeit enthielt.

Pearl erhob sich, und mit einer Kraft, die ich nie zuvor gesehen hatte, zeigte sie zur Tür und sagte, „Raus!"

Alle waren schockiert. Niemand kannte diese zornige Seite dieser normalerweise gleichmütigen Göttlichen Mutter. „Ich sagte, ‚Raus'", wiederholte sie.

Thomas stand auf, stieg in dem brechend vollen Zimmer über die Knie der anderen hinweg und wankte nach draußen. Am nächsten Tag bat mich Pearl, mit ihm zu sprechen und ihm zu sagen, er solle nicht wieder kommen. Viele dachten, dass Pearl zu barsch gewesen war, aber sie sah in Thomas eine Kraft, die bald ihre zerstörerische Beschaffenheit offenbaren sollte.

In der Zwischenzeit gab es eine andere gegen Pearl gerichtete Gefahr, diesmal von Seiten der Saint Germain Foundation. Eines ihrer Mitglieder, Guy Kerr, parkte jeden Tag sein Auto vor Pearls Haus und schrieb auf, wer ein und ausging, was man heute wohl ‚Stalking' nennen würde. Vielleicht waren sie neidisch auf all die jungen Leute, die es zu Pearl zog, da sich nun wenige junge Leute ihrer Organisation anschlossen. Nach dem Fortgang von Godfre begannen viele andere Individuen und Gruppen, die gleiche oder eine ähnliche Information zu verbreiten. Um das zu verhindern, war Mrs. Ballard so weit gegangen, Markenzeichen für Schlüsselworte von Saint Germains Werk für die Menschheit, wie „Violette Flamme" und die „ICH BIN-Lehre" eintragen zu lassen, und Pearl fühlte, dass die Foundation ihr verübelte, dass sie diese Lehre als Einzelperson gab.[43]

Beide Bedrohungen sollten sich bald auf höchst dramatische Weise gegenseitig neutralisieren, indem sich ein gemeinsames tödliches Karma entfaltete. Thomas, dem Guy erlaubt hatte, auf seinem Grundstück zu kampieren, hatte eine metaphysische Diskussion mit Guy. Im Zorn schoss Thomas auf Guy und tötete ihn und wurde zu vielen Jahren Gefängnis verurteilt.

Eines Tages ließ sich eine Gruppe von Schülern eines tibetischen Lama, Tarthang Tulku in der Stadt nieder. Einige von ihnen saßen eines Abends bei Pearl, aber sie schienen von einer Wolke aus Skep-

---

[43] Auch wenn die Saint Germain Foundation die Bezeichnung „Violet Consuming Flame" [Violette Verzehrende Flamme] als Markenzeichen eintragen ließ, wird diese Flamme auf ihrer Internetseite als frei beschrieben, dort wird ausgeführt, dass diese Lehre von den Meistern kommt und der Menschheit frei gegeben werden sollte. Die Internetseite sagt, „...das eigentliche Fokussieren, Projizieren und Aufrechthalten der Violetten Flamme geschieht durch die ‚Geliebte Mächtige ICH BIN-Gegenwart' des Individuums, denn Sie ist Gottes Flamme Reiner Liebe." Wenn Sie, wie sie sagen, eine Aktivität Gottes ist, kann Sie nicht besessen werden, oder deren Gebrauch auf eine bestimmte Gruppe beschränkt werden.

sis umhüllt. Es sah so aus, als ob sie nicht gekommen waren, um etwas zu lernen, sondern um auszupähen, was Pearl tat, das so viele Schüler anzog. Durga, die Leiterin der Gruppe, besuchte am nächsten Tag Pearl, und gab bekannt, „Wir werden anfangen, unsere Lehre Vajrayanna zu verbreiten, die viel fortgeschrittener ist als das, was Sie lehren. Ich wollte Ihnen nur darlegen, dass wir Ihnen Ihre Schüler wegnehmen werden."

„Sie sind nicht meine Schüler", erklärte Pearl unbesorgt, „Sie sind bei ihnen willkommen, wenn sie von dem, was Sie lehren, mehr profitieren, als von dem, was hier vor sich geht. Das ist für mich in Ordnung."

Die Teilnehmerzahl in der Gruppe von Pearl sank für ungefähr einen Monat; dann begannen die Leute zurückzukommen. Einen Monat später war die Teilnahme in der Gruppe von Durga fast auf null zurückgegangen, und bis zum Frühjahr hatten die meisten der Gruppe die Stadt verlassen. Durga blieb jedoch. Sie war schwanger, und trotzdem ihr Freund nach Norden ging, um sich einer anderen buddhistischen Gruppe anzuschließen, wollte sie ihr Kind in Mount Shasta gebären.

Eines Tages läutete bei Pearl das Telefon, und als sie ranging, war sie überrascht, die Stimme von Durga zu hören, „Pearl, bitte, bitte hilf mir. Ich bekomme bald mein Kind, aber sein Kopf wendet sich nicht nach unten. Ich möchte keinen Kaiserschnitt und weiß nicht, was ich tun soll. Bitte hilf mir."

„Einen Augenblick", sagte Pearl und legte den Hörer zur Seite. Still sagte sie, „ICH BIN die Gegenwart Gottes, die jetzt hervortritt und die vollständige Kontrolle über Durgas Kind übernimmt und seinen Kopf nach unten wendet, augenblicklich!"

Als sie den Hörer wieder aufnahm, sagte Durga, „Oh, es bewegt sich! Ich fühle, dass etwas geschieht", und als sie weiter miteinander sprachen, beschrieb Durga, wie sich der Kopf des Kindes nach unten zum Geburtskanal bewegte. Das Kind wurde am nächsten Tag geboren, und einige Tage später kam Durga zu Pearl. Sie legte Pearl das Kind in die Arme und sagte, „Pearl, bitte verzeihen Sie mir, was ich getan habe. Es tut mir so leid. Sie sind eine Heilige. Bitte segnen Sie mein kleines Mädchen."

Es kursierten in der Stadt viele Geschichten über Pearl. Eines Tages traf ich zufällig einen Freund, Bill, der mit einer Gruppe von acht weiteren Leuten bei Pearl gewesen war. Nachdem sie gegangen waren, verglichen sie ihre Notizen darüber, was geschehen war, aber sie fanden keine Übereinstimmung. Jeder hatte etwas anderes gehört, doch die Fragen von jedem waren beantwortet worden. Er erzählte weiter, dass er sich bei verschiedenen Festivitäten immer als Clown verkleidet hatte. Er hatte Pearl einige Jahre nicht gesehen, aber er war eines Tages in seinem Clowns-Kostüm im Stadtzentrum, mit vollständig verhülltem Gesicht, als Pearl auf ihn zuging und sagte, „Hallo Bill, wie geht es dir?" Sie hatte geradewegs durch seine Verkleidung geschaut.[44]

Pearl war viel Klatsch ausgesetzt wie auch unverhohlener Feindschaft von ihren Nachbarn und anderen Leuten in der Stadt, die nicht verstanden, was sie tat. Weil sie die vielen jungen Männer vor ihrer Tür stehen sahen, während ihr Mann bei der Arbeit war, behaupteten einige Nachbarn, sie würde fremdgehen. Selbst wenn sie eingestanden, dass sie ihrem Gatten treu war, beneideten sie sie um ihre Beliebtheit und beklagten sich bei ihr über den Zustrom von Hippies in die Nachbarschaft.

1973 war Mount Shasta ein Holzfällerstädtchen, und viele Einheimische betrachteten sogar Touristen mit Mistrauen, und jungen Leuten mit Rucksäcken und langen Haaren begegneten sie mit echter Feindseligkeit. Auf Tür-Schildern von Geschäften auf dem Mount Shasta Boulevard stand, „Kein Zutritt für Hippies."[45] Den-

---

[44] Diese Geschichte erzählte mir Bill Buffalo am 6. November 2014.

[45] Siehe: Peter Mt. Shasta, *Abenteuer eines Westlichen Mystikers,* Band 2, Kap. 3.

noch zogen zunehmend junge Leute in die Stadt, um mit Pearl zu studieren. Nachdem sie ihr Haus in einem Zustand göttlicher Trunkenheit verlassen hatten, setzten sich manche an den Randstein vor anderer Leute Häuser oder legten sich auf deren Rasen. Wenn man die McCloud Avenue zu Pearls Haus fuhr, sah man oft einige ihrer Besucher auf dem leeren Grundstück an der Ecke sich breitmachen.

Wenn Pearl zum Einkaufen ging, gingen gelegentlich ältere Stadtbewohner auf sie zu und sagten etwas wie, „Nun, Sie sind ja recht intim mit diesen schmutzigen Hippies. Ich habe erfahren, dass sie hierherkommen, um Sie zu besuchen."

Schließlich hatte sie genug und berief in ihrem Haus eine Versammlung ein. Sie lud die Chefs der Handelskammer, der Pacific Power and Light Company, der Bank of America, die Geistlichen der lokalen Kirchen, Immobilienmakler und den Polizeichef ein. Während sie alle ihren Tee schlürften und die Plätzchen aßen, die Pearl gebacken hatte, sagte sie, „Ich bin sehr beunruhigt über die Art und Weise, wie diese jungen Leute behandelt werden, die in die Stadt kommen. Sie sind gute Leute und verdienen bessere Behandlung. Waren Sie nicht auch einmal jung? Wollten Sie nicht auch einmal aus den Zwängen ausbrechen und frei sein? Das ist es, was diese jungen Menschen tun, und sie wollen eine bessere Welt schaffen. Ich möchte Sie nur bitten, dass Sie ihnen eine Chance geben. Öffnen Sie ihnen Ihre Herzen und heißen Sie sie willkommen."

Viele nickten zustimmend, aber einige sagten, „Warum schneiden sie nicht ihre Haare und tragen anständige Kleidung, wenn sie akzeptiert sein wollen?"

„Ich werde schauen, was ich tun kann, aber geben Sie mir etwas Zeit", sagte Pearl. „Übrigens, diese jungen Leute mögen wie Obdachlose aussehen, aber einige von ihnen sind tatsächlich ziemlich wohlhabend."

„Das stimmt; sie kaufen Häuser", stimmten einige Immobilienmakler zu.

Als ich Pearl das nächste Mal traf, sagte sie in ihrer diplomatischen Art, „Einige Leute finden, dass sie, wenn sie in eine neue Stadt ziehen, dort besser angenommen werden, wenn sie sich durch ihre äußere Erscheinung nicht zu sehr abheben."

Als ich danach den Hügel hinunterging, dachte ich, „War das ein Wink, dass ich meine äußere Erscheinung ändern sollte?" Ich trug immer noch die weißen indischen Gewänder, die in Indien die Norm waren, die aber für Westler wie Schlafanzüge aussahen. Auch waren meine Haare und der Bart lang und zottelig, und wenngleich ich mich als einen wandernden Yogi betrachtete, so sah ich sicherlich wie ein Hippie aus. „Ich glaube, ich sollte meine Haare schneiden", dachte ich.

Als ich einige Wochen später in das Immobiliengeschäft einstieg, begann ich den Drang zu verspüren, der Handelskammer beizutreten. Das widerstrebte mir, weil diese kommerzielle Organisation all das zu repräsentieren schien, was ich, seit ich mich auf den spirituellen Weg begeben hatte, meiden wollte, aber der Drang wurde stärker und stärker. Schließlich gab ich diesem Gefühl nach und nahm an einer Zusammenkunft der Kammer in einem bekannten Restaurant an der Autobahn teil. Ich saß mit meiner schlabbrigen Kleidung und den langen Haaren an einer Seite des hinteren Raumes, und die anderen Geschäftsleute der Stadt saßen an der anderen Seite, und trugen alle diese Freizeit-Anzüge aus Polyester, die damals Mode waren.

Ich war überrascht, als ich als Gast vorgestellt wurde, und erschrak ebenso, als am Ende der Zusammenkunft die Leiter der Bank of America und der Pacific Power and Light beide zu mir kamen und mich mit einem herzlichen Händedruck begrüßten.

Am nächsten Tag ließ ich mir die Haare schneiden und kaufte mir auch einen Freizeit-Anzug. Obwohl ich mich bei der nächsten

Zusammenkunft innerlich immer noch wie ein Yogi fühlte, passte ich nun zu den übrigen Geschäftsleuten.[46]

Als mich Pearl in meiner neuen Erscheinung sah, lächelte sie und sagte, „Du hast es begriffen." Sie gestand, dass sie mit dem Meister gesprochen und ihn gebeten hatte, uns dazu zu inspirieren, uns der ländlichen Holzfällerstadt besser anzupassen. Ich sah, wie allmählich auch meine Freunde ihr Äußeres veränderten, Arbeit fanden und sogar ihre eigenen Geschäfte gründeten.

---

[46] Der tibetische Lama Trungpa Rinpoche sagte, wenn du die Gesellschaft verändern willst, dann musst du zuerst ein Teil von ihr werden.

Kapitel 26

Ein Beinahe-Aufstieg

In der Stadt gab es ein Mädchen, das wir Schmetterling nannten, da sie umherschwirrte, und überall Freude mitbrachte, wo immer sie auftauchte. Eines Tages saß ich in dem Bioladen, in dem ich in Teilzeit arbeitete, am Tisch, als sie hereinkam und sich zu mir setzte. Wir tauschten einige Worte aus, dann reichte sie herüber, nahm meine Hand und schaute mir tief in die Augen. Es strömte Energie von ihrer Hand in meine, und ich sah, wie der Raum in Licht getaucht war. Ich hatte das Gefühl, dass ich mich in ihren phosphoreszierenden blauen Augen auflöste, die größer zu werden schienen, während sich meine Bindung zur Erde löste. Ich fühlte, dass mich einzig der Schmerz zurückhielt, wo sie meine Hand hielt. Gerade als ich glaubte, es nicht länger ertragen zu können, ließ sie los.

„Hi, ich bin Amana", sagte sie ungezwungen.

„Du solltest Pearl besuchen", sagte ich und hielt meine Hand unter den Tisch, damit sie sie nicht noch einmal halten konnte.

„Nun, vielleicht sollte ich das tun, da du die dritte Person bist, die mir das sagt."

Ich gab ihr die Telefonnummer von Pearl und sah sie eine lange Zeit nicht wieder.

Eine Woche später traf ich Pearl und sie sagte, „Das Mädchen, das du zu mir geschickt hast, hat mich besucht."

Aus irgendeinem Grund hatte sie das Gefühl gehabt, sie sollte Amana in ihr Schlafzimmer im hinteren Teil des Hauses führen – etwas Neues, denn Pearl hielt ihren persönlichen Raum privat. Sie saß auf der Kante ihres Bettes und Amana ihr gegenüber in einem Sessel. Pearl hatte nach ihren Händen gegriffen, und beschrieb die gleiche Erfahrung, die ich gehabt hatte, außer dass Amana sich dieses Mal tatsächlich aus dem Sessel erhob und begann, nach oben zu schweben.

„Du steigst auf", sagte Pearl.

„Wirklich?", fragte sie völlig ahnungslos.

„Ja, bist du bereit zu gehen?", fragte Pearl.

„Nun, ich weiß nicht", antwortete sie und begab sich wieder hinunter in ihren Sessel.

Amana wandte ihre Aufmerksamkeit noch einmal nach innen und begann aufzusteigen. Beim dritten Mal war Pearl sich sicher, dass sie den Aufstieg vollenden und sich in Licht auflösen würde. Aber Amana entspannte sich plötzlich mit einem Seufzer, und das Zimmer wurde wieder normal.

Amana sagte, sie würde darüber nachdenken, was Pearl ihr über das Aufsteigen gesagt hatte und wiederkommen, wenn sie ihre Antwort hätte. Nachdem sie fort war, kam Jerry aus dem Wohnzimmer, wo er hingegangen war, um die Zeitung zu lesen, und sagte, „Was ist da drinnen geschehen?"

„Was meinst du?"

„Ich dachte, das ganze Haus würde nach oben gehen", sagte Jerry. „Ich hatte das Gefühl, dass sich alles auflöst."

„Ja, das dachte ich auch", sagte Pearl.

Amana kam nach einigen Wochen zurück, und wieder zogen sie sich in das Zimmer von Pearl zurück. Diesmal geschah nichts Außergewöhnliches, und Amana sagte, „Ich habe gerade einen wundervollen Mann kennengelernt und ich glaube, ich verliebe mich in ihn. Ich hatte nie vorher eine Beziehung mit einem spirituellen Partner, also möchte ich bleiben und schauen, wie das ist."

Bald verließen Amana und ihr Partner die Stadt und zogen in eine ländliche Gegend in den Bergen der Sierra Nevada. Jahre später besuchte ich sie und war überrascht zu sehen, dass dieses engelhafte

Wesen nun Mutter war. Sie hatte zwei kleine Kinder, einen Jungen und ein Mädchen, die sich an ihre Beine klammerten, während sie das Mittagessen kochte. Als sie mich mit einer Umarmung begrüßte, war da nichts mehr von dieser erstaunlichen Energie, die ich einst gefühlt hatte. Jahre später erfuhr ich, dass man bei ihr Krebs diagnostiziert hatte, und sie plötzlich verstarb. Es schien, dass die Mutterschaft ihre letzte irdische Erfahrung war, nach der sich ihre Seele gesehnt hatte.

Kapitel 27

Pearls Rat für Frauen

Vertieft in eine morgendliche Meditation, wurden Pearl und ich durch ein Klopfen an der Tür gestört. Gloria, ein rothaariges Mädchen, die vor kurzem von New Jersey in die Stadt gezogen war, stürzte in das Wohnzimmer, warf sich in einen Sessel und schluchzte zu Pearl, „Was haben Sie mit meinem Mann gemacht?"[47]

„Was meinst du damit?"

„Ich möchte wissen, was hier vor sich geht – was machen Sie hier, das mein Mann so unwiderstehlich findet? Was wollen Sie von ihm?"

„Ich bin an deinem Mann nicht interessiert", antwortete Pearl, „Ich habe selber einen."

„Warum ist dann mein Mann in jeder freien Minute hier oben in Ihrem Haus? Ich biete ihm alle Verführungskünste, die man sich ausdenken kann, aber sobald er aus dem Haus kann, geht er hier herauf, um bei Ihnen zu sein. Was machen Sie?", wollte das Mädchen flehentlich wissen.

„Vielleicht will er *das*", sagte Pearl und deutete auf ihr Herz.

„Was?", antwortete Gloria, während sie große Augen bekam.

„Die Reine Christus-Liebe", antwortete Pearl, und schickte einen Strahl dieser reinen Essenz in das Herz des Mädchens.

„Oh Gott, verschonen Sie mich!", rief das Mädchen. „Das soll ich glauben? Er glaubt nicht an Jesus; mit Religion hat er nichts im Sinn. Sie müssen ihn mit einer Art Zauber belegt haben."

---

[47] Wenngleich Pearl in ihren 60ern war, Zivilkleidung trug und eine gewöhnliche Erscheinung war, war sie zweifellos die bekannteste Frau in der Stadt. Siehe: *Abenteuer eines westlichen Mystikers*, Band 2, Kap. 12.

„Wie ich schon sagte", wiederholte Pearl, „was er hier fühlt, ist die Reine Christus-Liebe, und kein Aufwand an Romantik oder Sex kann das ersetzen. Das Christus-Licht ist die im Herzen vereinte Energie des Männlichen und Weiblichen, die *Hochzeit im Himmel*, die von keiner äußeren Bedingung abhängig ist – die Liebe, die unabhängig ist von Beziehungen und diesen vorausgeht. Wenn jemand zu dieser Liebe erwacht, ist alles menschliche Tun zweitrangig. Deshalb kommt dein Mann hierher, weil er dieses Licht fühlt, das den Christus in ihm nährt.

Glorias Augen wurden größer, als hätte sie der Schlag getroffen. „Was!", rief sie aus und war sprachlos. Während sie langsam die Liebe fühlte, die Pearl aussandte, legte sich ihre Wut und sie lehnte sich nach vorn. „Wie haben Sie das gemacht? Ist diese Liebe etwas, das ich lernen kann?"

„Richte deine Aufmerksamkeit nach innen", sagte Pearl und zeigte wieder auf ihr Herz, „Fühle an dieser weichen verletzlichen Stelle in dir, die das Zentrum deines Wesens ist, die Liebe, die dort immer ist. Fühle die Liebe der Göttlichen Gegenwart, Die all die Zeitalter auf dich gewartet hat, wartete und wartete, dass du Ihr deine Aufmerksamkeit zuwendest, und Die sich fragte, wie lange du noch Energie den äußeren Menschen, Orten Bedingungen und Dingen geben wirst – immer auf dich wartend, dass du Ihr gehorsam bist. Das ist das Christus-Licht, und das ist es, was dein Mann begehrt."

Als Gloria den Funken fühle, den Pearl in ihrem Herzen entfacht hatte, entspannte sie sich in ihrem Stuhl und schloss ihre Augen. Ich beobachtete erstaunt, wie der Atem des Mädchens langsamer wurde und ihr Gesicht wie das eines Engels strahlte. Nach einer Minute öffnete sie die Augen, die mit Tränen erfüllt waren.

„Nun verstehe ich, warum er mit Ihnen so viel Zeit verbracht hatte", seufzte sie. „Das will ich auch. Ich möchte wissen, wie man das macht, was Sie machen."

„Es ist so einfach", sagte Pearl traurig. „Aber nur wenige verlangen nach dieser Wahrheit. Nur wenige sind willens, lange genug aufzuhören, äußeren Dingen nachzujagen, um ruhig zu werden, still zu sein und zu wissen, *ICH BIN GOTT.*"

Mit Glorias Wut-Ausbruch noch in frischer Erinnerung und neugierig auf die Lehre der Meister über Beziehung, Liebe und Sexualität, bat ich Pearl am nächsten Tag, mir mehr darüber zu erzählen, wie diese kraftvollen Triebe den spirituellen Weg beeinflussten. Mit Bezug auf das Geschehen am Tag zuvor, sagte Pearl, „Eifersucht ist ein Gift, und sie rührt daher, dass du nicht weißt, wer du bist, und dass du denkst, dass deine Quelle in jemand anderem liegt, dass du die Quelle des Glücklichseins nicht in dir selber fühlst. Diese Unkenntnis der Gegenwart", fuhr Pearl fort, „ist es, welche Menschen irrtümlicherweise glauben lässt, dass sie in einer Beziehung das finden, was sie selbst nicht besitzen, statt Vervollkommnung im Inneren zu finden. Wenn man einmal die Glückseligkeit der Einheit mit Gott gefunden hat, kann keine Sexualität oder Romanze die Aufmerksamkeit lange festhalten, denn die alles überwältigende Liebesbeziehung ist die mit dem eigenen *ICH BIN,* der *Gott-Gegenwart.*

„Darüber hinaus zerstört das Gefühl, dass der Partner ein Besitz ist, nicht nur die Beziehung, sondern behindert auch beide im Fortschritt auf dem spirituellen Weg. Wahre Liebe kann es nur dort geben, wo Freiheit ist. Freiheit ist nicht die Freiheit, der Leidenschaft des Augenblicks nachzugeben, sondern die freie Herrschaft, die aus dem Gehorsam und dem Folgen der eigenen Göttlichen Quelle herrührt. Die ideale Beziehung zweier Menschen ist die gegenseitige Unterstützung in diesem Streben.

„Wenn du nur wüsstest, wie viele verheiratete Paare zu mir kommen und sagen, ‚Oh, wenn ich doch nur Single wäre, dann würde ich solch einen spirituellen Fortschritt machen.' Und Alleinstehende kommen und sagen, ‚Oh, wenn ich doch nur einen Partner hätte, dann wäre ich glücklich.'

„Du kannst deinen Gefühlen nicht ausweichen. Du kannst deinen Leidenschaften nicht ausweichen. Ganz gleich, was du tust, sie werden an die Oberfläche kommen und deine Gedanken, Worte und Handlungen beeinflussen. Du kannst eine Zeitlang als Yogi in einer Höhle leben und, weil du deine Trugbilder nicht mehr siehst, glauben, sie seien verschwunden, aber wenn du in die Welt zurückkehrst, werden sie sich wieder geltend machen. Besser ist es, in der Welt zu bleiben und sich mit der falsch erschaffenen Energie im Licht bewusster Wahrnehmung zu konfrontieren. Deshalb kann eine Partnerschaft der schnelle Weg zu Selbstreinigung sein, weil dein Partner dein Spiegel ist – um dir zu zeigen, wo wirklich noch Arbeit zu tun ist.

„Zuweilen magst du in einer Beziehung sein, zuweilen allein sein", fuhr Pearl fort, „Beides ist zu verschiedenen Zeiten für die eigene Entwicklung zweckmäßig. Aber in jedem Fall musst du für deine Gefühle Verantwortung übernehmen. Nur du bist für deine eigenen Gedanken, Emotionen und Handlungen verantwortlich, niemand anderer. Deshalb liegt die Quelle deines Glücks und der Freiheit nicht in jemand anderem, sondern in dir selbst. Du bist alleine in die Welt gekommen und du wirst sie alleine verlassen. Du kannst mit einem anderen nur einen Teil des Weges gehen. Macht daraus eine Wanderung ins Licht, und helft einander, Selbstmeisterung zu erlangen."

Kapitel 28

Du bist bereit

Meine Ausbildung zur Meisterschaft brachte mich zum Immobiliengeschäft, zum Kauf alter Häuser, deren Reparatur und Vermietung. Ich besorgte mir eine Zulassung als Immobilienhändler und arbeitete in einem Büro; jedoch war mein Herz immer bei Pearl und den Aufgestiegenen Meistern, und wann immer ich mich frei machen konnte vom Häuser-Zeigen, ging ich zu ihr. Es waren immer Leute dort, und manchmal verfiel sie in Schweigen und bat mich, das Sprechen zu übernehmen.

„Worüber soll ich sprechen, Pearl", fragte ich oft, und sie antwortete mit einem Achselzucken. Nach einem Augenblick des Schweigens sagte sie dann, „Warum wendest du deine Aufmerksamkeit nicht der ICH BIN-Gegenwart zu und schaust, was hervorkommt?"

Mein Tag begann um acht Uhr morgens, und bevor ich losging, um mit klagenden Vermietern, Baufirmen, Buchhaltern und Rechtsanwälten zu sprechen, ging ich die zwei Minuten den Hügel hinauf zu Pearl, und wir setzten uns zu einer Meditation hin. Nach der Arbeit oder nach dem Abendessen ging ich zu ihrem Haus und saß entweder alleine bei ihr, oder schloss mich der Gruppe an, die gerade da war. Oft forderte sie mich auf, zu sprechen, aber ich versuchte immer, still zu sein. Schließlich war sie die Lehrerin. Zu dieser Zeit hatte ich noch nicht erkannt, dass die Aufforderung, zu sprechen, die Ausbildung war. Sie hatte versucht, mich auf die Arbeit vorzubereiten, derentwegen mich die Meister zu ihr gesandt hatten.

Eines Tages war ich schockiert, als sie mich fixierend anschaute und sagte, „Du bist bereit."

„Oh, bereit für was?", fragte ich verblüfft.

„Wozu, glaubst du, habe ich dich all die Jahre ausgebildet? Saint Germain hat mir heute Morgen gesagt, dass du bereit bist, mit der Arbeit zu beginnen."

„Welche Arbeit?" Ich hatte keinen blassen Schimmer.

„Den Menschen helfen. Ist das nicht das, was du willst? Es sind nun drei Jahre und drei Monate, seit du mich zum ersten Mal besuchen kamst, in diesem Stuhl saßt und darum batest, Saint Germain zu helfen. Nun ist es Zeit für dich, tätig zu werden."

„Aber ich habe keine Ahnung, was ich tun soll", klagte ich.

Sie schaute mich durchdringend an, und nach einer Minute des Schweigens sagte sie, „Du könntest sagen,

ICH BIN die Auferstehung und das Leben meiner Göttlichen Mission auf der Erde, die sich jetzt manifestiert.

„Ich versichere dir, diese Arbeit war vor deiner Geburt angelegt worden. Nun ist es Zeit zu beginnen, und nichts kann das verhindern, also mach dich ran. Glaubst du, dass ich geplant hatte, diese Arbeit zu tun, dass ich glaubte, bereit zu sein? Nein, die Leute kamen einfach."

Ich verließ ihr Haus und hatte ein mulmiges Gefühl, was nun kommen würde. Ich musste zugeben, ich kannte ihre Lehre in- und auswendig, aber der Gedanke, vor einer Gruppe zu sitzen, war nicht das, was mir einfiel. Ich fühlte mich viel wohler, still dazusitzen und das Bewusstsein des Aufgestiegenen Meisters, das ihr Wohnzimmer durchdrang, in mich aufzunehmen. Ich war die Freiheit gewohnt, jederzeit aufstehen und weggehen zu können, wann ich wollte.

Bald waren allerdings alle meine Mietobjekte verkauft und mein Immobiliengeschäft schien sich aufzulösen. Auf wundersame Weise war ich in kurzer Zeit frei. Da die meisten Häuser in einem schlechten Zustand waren und sich für eine Bankfinanzierung nicht eigneten, musste ich die Verkäufe selber finanzieren. Ich veräußerte sie in Form von Schuldscheindarlehen, die mir ein Residualeinkommen für mehrere Jahre sicherten. Wie mein Anwalt Arnie Breyer ein jiddisches Sprichwort umschreibend sagte, „Ich fiel in eine Jauchegrube, kam aber nach Rosen duftend heraus."

Eines Tages klopfte es an der Tür, als ich gerade auf dem Sofa saß. Als ich öffnete, war ich überrascht, Isha Kaur zu sehen, ein Mädchen, dem ich viele Jahre zuvor in einem Aschram in Phoenix begegnet war, und die mich auf eine Reise zu einer Initiation in die Wüste geführt hatte.[48] Nun stand sie vor mir, mit einer Gruppe von Freunden.

„Schön, dich wieder zu sehen, Peter. Dürfen wir reinkommen?"

„Ja natürlich", stammelte ich. „Was führt dich nach Mount Shasta?"

„Wir waren Pearl besuchen, und sie sagte, sie kann uns nicht empfangen, weil sie zu beschäftigt ist, daher schickte sie uns zu dir."

„Oh", war alles, was ich zu sagen wusste, da mich für einen Augenblick Panik erfasste. „Was soll ich tun?", fragte ich mich und wünschte mir, Pearl wäre da.

Isha, Fred und Dharma saßen alle drei in einem Halbkreis da und warteten, dass etwas geschieht, aber sie brauchten nicht lange zu warten. In dem Augenblick, als wir uns hinsetzten, rief ich meine ICH BIN-Gegenwart und die Aufgestiegenen Meister an, den Göttlichen Plan hervorzurufen, und während sie sich unterhielten, visualisierte ich über jedem seine ICH BIN-Gegenwart. Bald begann eine Aura Göttlicher Energie den Raum zu durchdringen.

Alle verstummten und begannen ohne jegliche Anstrengung im Einssein aufzugehen. Nach einer Weile, als wir zu einem mehr alltäglichen Bewusstsein zurückgekehrt waren, konnte ich einige ihrer

---

[48] Der Ausdruck Initiation bezeichnet eine beliebige Erfahrung oder ein Ritual oder eine Ermächtigung, die einen weiter nach innen und damit zu einem tieferen Empfinden der eigenen Göttlichkeit führt. Bezüglich der hier erwähnten spezifischen Initiation, lese man Kapitel 65, *Die Göttin von Phoenix*, in meiner Autobiografie, *Abenteuer eines Westlichen Mystikers*, Band 1, *Suche nach dem Guru*.

Fragen beantworten. Als die Worte mühelos hervorkamen, erkannte ich nun, wie gut mich Pearl ausgebildet hatte. Es schien, dass Isha Kaur wieder bei einer Initiation mitgewirkt hatte, dieses Mal, indem sie half, mich in meinen wirklichen Dienst zu stoßen.

Einige Tage nachdem Isha und ihre Gruppe fortgegangen waren, erzählte mir ein Freund von ihnen, den sie in der Stadt getroffen hatten, von Freds Erfahrungen an diesem Nachmittag in meinem Wohnzimmer. Er hatte nie an Gott geglaubt und war immer skeptisch gegenüber spirituellen Dingen, besonders gegenüber den Legenden von übernatürlichen Geschehnissen um Mount Shasta, aber er sagte zu seinem Freund, „Wenn es einen Gott gibt, dann habe ich Ihn an diesem Nachmittag erfahren."

Das war der Beginn, und den ganzen Sommer hindurch nahm der Besucherstrom zu. Nun verstand ich, was Pearl jeden Tag erlebte. Die Leute kamen zu jeder Stunde, und ich hatte Glück, wenn ich nach einer Handvoll Früchte oder Nüsse greifen konnte, um sie zwischendurch zu verdrücken, bis die nächsten Besucher kamen; obwohl ich in diesem Energiefeld kaum etwas essen musste. Meine Dankbarkeit Pearl gegenüber für meine Ausbildung und die Opfer, die sie gebracht hatte, nahm ständig zu. Zu dieser Zeit hatte ich es nicht erkannt, aber sie begann einen Teil ihrer Last an mich abzugeben, zur Vorbereitung auf ihren eigenen Aufstieg.

Peter Mt. Shasta, ca. 1984

KAPITEL 29

EINE INNERE EHE

Eines Tages ging ich durch Dunsmuir, ein kleines Städtchen südlich von Mount Shasta, als ich einen kleinen Kuriositätenladen bemerkte, den ich nie vorher gesehen hatte. Normalerweise wäre ich an so etwas vorbeigegangen, da an seinem schmuddeligen Äußeren oder an den gebrauchten Artikeln in dessen schmutzigem Schaufenster nichts war, das ich ansprechend gefunden hätte. Jedoch aus irgendeinem Grund, den ich nur als den Drang innerer Führung beschreiben kann, ging ich hinein.

Als eine ältere Frau aus dem Hinterzimmer herauskam und fragte, ob sie mir helfen könne, sagte ich nein, dass ich nur schauen wollte, aber in diesem Augenblick fiel mein Blick auf ein Paar zusammenpassender Ringe, jeder mit einem leuchtenden Rubin darin. Als ich fragte, was sie kosteten und sie vier Dollar für jeden sagte, wusste ich, dass sie unmöglich echt sein konnten. Doch war da etwas Magisches an ihnen; und obwohl ich nicht der Typ war, der Ringe trug, ließ mich dieselbe Kraft, die mich in den Laden geführt hatte, beide Ringe kaufen – da sie anscheinend zusammengehörten.

Als ich am nächsten Morgen Pearl besuchte, hatte ich die Ringe noch in meiner Tasche und nahm sie heraus, um sie ihr zu zeigen. Plötzlich fühlte ich den unerklärlichen Impuls, ihr einen zu geben. Anstatt die Hand hinzuhalten, streckte sie den Ringfinger ihrer linken Hand vor. Als ich ihn auf ihren Finger schob, fragte sie nach dem anderen Ring, den sie auf meinen Finger schob.

„Was ist da gerade geschehen", fragte ich mich. Ich hatte das Gefühl, dass es etwas Wichtiges war, aber was war die Bedeutung davon? Das Gefühl, dass mir etwas entgangen war, verstärkte sich, als Pearl fragte, „Erinnerst du dich nicht?"

„Erinnern an was?", fragte ich.

„Macht nichts, du wirst dich zur rechten Zeit daran erinnern."

Als ich an diesem Abend zu Bett ging, bat ich, „Saint Germain, bitte zeige mir alles, was ich über diesen Ring wissen muss", dann schlief ich ein. Bald war ich im Retreat des Königlichen Teton im privaten Audienzzimmer von Saint Germain. Pearl und ich waren dort, und wir trugen exquisite Roben, und Saint Germain stand vor uns. Er nahm unsere Hände in seine und sagte, „Peter und Pearl, meine geliebten Schüler, ich verbinde euch noch einmal zu einem spirituellen Bund. Dies ist ein Seelenbund, der seit Jahrtausenden existiert. Ich erneuere euren Bund für die Arbeit, die ihr jetzt zusammen zu tun habt."

Dann fügte er unsere beiden Hände aneinander und band sie mit einer goldenen Schnur zusammen. Das Nächste, was ich wusste, war, dass es Morgen war. Ich stand auf und schaute auf den Rubinring, der auf dem Tisch lag, und erkannte nun, warum Pearl das Geschenk des Ringes als so wichtig betrachtete.

Jerome Dorris zu Hause in Mt. Shasta, ca. 1975

Kapitel 30

Pearl und Jerry

Jerry war immer ein mysteriöser und stiller Mann im Hintergrund, ein Rätsel für viele. Eines Tages, nachdem ich mit Pearl meditiert hatte und mich von der Erde abgehoben fühlte, sagte sie, „Warum gehst du nicht nach hinten hinaus zu Jerry und unterhältst dich mit ihm."

Ich wusste, dass das eine Bitte war, also ging ich durch die Hintertüre in die Garage. Da war er und stand vor einer Werkbank voller Werkzeuge, die alle an ihrem richtigen Platz waren, und er hämmerte etwas auf einem Amboss.

„Hi Jerry, was hast du vor?"

„Nägel grade machen."

„Echt?"

„Kein Grund, sie wegzuwerfen. Die sind ganz in Ordnung."

Ich schaute noch einige Minuten lang zu und fragte mich, was Pearl beabsichtigt hatte, mich zu lehren, und sagte dann auf Wiedersehen. Ein anderes Mal regte Pearl wieder an, dass ich „mit Jerry reden soll", der vor dem Haus war und am Tor bei der Hecke arbeitete, wo der Weg zur Eingangstür anfing.

„Hi Jerry, machst du das Tor?"

„Ja, es fing an zu quietschen, aber es brauchte nur einige Tropfen Öl."

„Schöner Tag heute, oder?"

„Stimmt."

Wieder ging ich und fragte mich, welche Lehre ich aus dieser Begegnung ziehen sollte. Erst später fing ich an, ihn als einen Zen-Meister zu sehen. Obgleich er auf vielen Ebenen bewusst war, konnte er sich fast völlig auf die Arbeit im gegenwärtigen Augenblick konzentrieren.

„Nun, hast du etwas gelernt von Jerry?", fragte mich Pearl nach einem dieser Besuche.

„Er erscheint sehr friedvoll", war alles, was ich zu sagen wusste.

„Ja, das ist er, aber die Kühe sind auch friedlich." Dann fuhr sie fort, „Manchmal treibt mich dieser Friede auf die Palme, und ich will ein wenig Aufregung. Ich rannte von ihm einige Male weg, aber jedes Mal brachte er mich wieder nach Hause." Ihr Geständnis schockierte mich, denn ich hatte sie immer als ein idyllisches Paar betrachtet und hätte mir nie träumen lassen, dass sie Unzufriedenheit fühlte – da sie ein Ebenbild einer glücklichen Gattin war.

„Eines Tages hatte ich genug und lief nach Portland weg. Ich war dort keine ganze Woche gewesen, als ich einen Traum hatte. Ich fiel aus einem Turm, und Jerry fing mich auf. So erkannte ich, dass er mir zu meiner Unterstützung und zu meinem Schutz gesandt worden war. Am nächsten Tag fand Jerry mich und sagte, ‚Es ist Zeit, nach Hause zu kommen, Pearl.'

„‚Ja, ich weiß', sagte ich und stieg ins Auto.

„Nachdem wir zu Hause angekommen waren, erschien Saint Germain und sagte, ‚Pearl, man kann ein Fohlen nicht aufhalten, sondern es muss zuerst gezähmt werden', womit er andeutete, dass ich ein Fohlen war. Schau, Jerry hat Pferde zugeritten, so erkannte ich, dass der Meister Jerry in mein Leben gebracht hatte, um meinen Eigensinn zu disziplinieren. Ohne ihn würde ich in den Bergen ein sorgenfreies Leben führen, wie der Rest von euch."

In den Augen vieler war Jerry ein Heiliger. Er arbeitete Vollzeit in der Innenstadt, und wenn er am Nachmittag nach Hause kam, war Pearl meist mit Besuchern zu beschäftigt, um ihm etwas zu Essen zu machen. Abends war es oft genauso, wenngleich sie sich bemühte, eine Stunde für sie beide frei zu halten, um abends zusammen zu essen. Aber selbst dann wurden sie oft gestört durch einen Telefonanruf oder ein Klopfen an der Tür.

Eines Abends, als Pearls Arbeit gerade begonnen hatte, klopfte nach dem Abendessen jemand an der Tür. Pearl und Jerry saßen im Wohnzimmer, Pearl war am Häkeln und Jerry las die Zeitung. „Sag ihnen, sie sollen morgen wiederkommen", sagte Jerry, „Wir haben ein Recht auf ein wenig Privatsphäre."

Pearl begrüßte den jungen Mann, der mit einem Rucksack in der Hand in der Tür stand, und sagte, „Du kannst mich heute Abend nicht besuchen. Komme morgen wieder."

„Oh", sagte der Mann enttäuscht, nahm seinen Rucksack und ging durch das Tor hinaus auf die Straße.

Als Pearl wieder ins Wohnzimmer ging, erschien Saint Germain und sagte, „Pearl, ich habe diesen Jungen zu dir geschickt, weil er Hilfe brauchte. Lass es dir niemals mehr einfallen, mir nicht zu gehorchen."

Sie lief zum Tor zurück, um den Mann zurückzurufen, aber er war fort. Sie ging ins Wohnzimmer und sagte Jerry, was geschehen war, dass sie für die Meister arbeite und seine Mitarbeit bräuchte.

„Gut, ich glaube dir, Pearl", sagte Jerry, „Ich werde tun, was ich kann, um dir zu helfen."

Von da an ging Jerry ans Telefon, machte Termine und begrüßte Besucher an der Tür, wann immer er zu Hause war. Er begleitete Gäste in das Wohnzimmer, setzte sich mit ihnen einige Zeit hin, und hörte Pearl zu, wie sie lehrte, so, als ob er sie zum ersten Mal erlebte. Vorbei waren die Abende im Polstersessel mit Zeitung und Fernsehen. An vielen Abenden saß er im Schlafzimmer, und hielt sich bereit, um Telefonanrufe zu beantworten, damit Pearl bei ihrer Arbeit nicht unterbrochen wurde. Erst achtzehn Jahre später, nachdem sie nach Yreka gezogen waren, hatte er wieder ein Privatleben – hatte er Zeit für sich selbst, um seine persönliche spirituelle Arbeit zu tun, als Vorbereitung für seinen Aufstieg.

Ich hatte nie gedacht, dass Jerry sehr viel mehr war als der Unterstützer und Beschützer von Pearl, bis ich eines Tages in Los Angeles bei einem Freund auf dem Boden schlief, dann mitten in der Nacht aufwachte und Jerry neben mir knien sah. Obwohl er in seinem ätherischen Körper war, sah er genauso wirklich aus wie zu Hause. Nachdem er mir erklärt hatte, was ich in der gegenwärtigen Situation tun musste, sagte er, er würde mir seinen Schutz geben, dann verschwand er. Ich erkannte dann, dass er weit fortgeschrittener war, als ich wusste.

Jahre später, als ich Pearl und Jerry in Yreka besuchte, fühlte ich, dass Pearl mehr zu einem Freund geworden war, während Jerry mein Lehrer geworden war. Als ich sah, welch ein kontemplatives Leben im Dienst für Pearl er gelebt hatte, erfasste ich das selbstlose Mitgefühl eines Meisters.

KAPITEL 31

SCHRITT FÜR SCHRITT STEIGEN WIR HINAUF

Nachdem Sunny Widell mit der Bearbeitung des letzten Bandes von *Life and Teachings of the Masters of the Far East* fertig war, suchte diese Freundin von Pearl weitere spirituelle Lehrer, denen sie ihre Dienste als Geschäftsführerin oder Lektorin anbieten konnte. Zuerst arbeitete sie für Geraldine Innocente, eine weitere frühere Schülerin von Godfre Ray King, die 1951 die Organisation Bridge to Freedom* gründete, um die Lehre der Meister noch weiter zu verbreiten. Jedoch fühlte Sunny die spirituelle Strahlung des Meisters nicht in der Weise, wie sie sie fühlte, wenn Godfre sprach, also zog sie weiter. Dann arbeitete sie für Mark und Elizabeth Prophet, ebenfalls frühere Schüler der Saint Germain Foundation. Jedoch als sie sah, wie umfassend Elizabeth die „Diktate der Meister" umschrieb, trat sie zurück. Schließlich zog Sunny nach Mount Shasta und lebte in der Aura des Berges ein ruhiges Leben.

Sie bot oft ihre Dienste Pearl an, der gegenüber sie große Bewunderung und Verbundenheit fühlte, die manchmal so weit gingen, dass sie für sie den Hausputz erledigte. An einem Morgen im Frühjahr 1976 half Sunny Pearl, den Dachboden zu reinigen, als sie eine Schachtel voller Manuskripte entdeckte. Sie stellten sich als die Diskurse der Meister durch Pearl und Bob für frühere ICH BIN-Schüler heraus, die sich in der Zeit von 1940 bis 1945 versammelt hatten. Überglücklich über ihre Entdeckung sagte sie, „Pearl, diese Diskurse sind eine Kostbarkeit. Man muss sie herausgeben, sodass jeder sie lesen kann."

Pearl willigte ein und ließ Sunny die Schachtel mit nach Hause nehmen, um die Diskurse durchzusehen, wie sie wünschte, und sie

---

* Deutsch: Brücke zur Freiheit [d. Übers.].

für die Herausgabe in ein passendes Format zu bringen. Da sie wusste, dass Sunny mit dem Trend des Neuen Zeitalters nicht vertraut war, bat sie sie, einer kleinen Gruppe ihrer engsten Schüler zu erlauben, ihr dabei zu helfen. Die Diskurse enthielten persönliche Mitteilungen, die nur Angelegenheiten betrafen, die in die damalige Zeit gehörten, als auch viele Wiederholungen, und dieses irrelevante Material musste gestrichen werden, damit es flüssig gelesen werden konnte. Einige zuverlässige Schüler von Pearl und ich nahmen an dieser Arbeit teil. Jedoch Sunny, die das Hippie-Phänomen nie verstanden hatte, und die ihnen nun grollte, da sie so viel von Pearls Zeit in Anspruch nahmen, begann sich zunehmend hartnäckig über deren „Einmischung" in ihr Projekt zu beklagen. Wie bei jedem Lektorat gab es unterschiedliche Ansichten, aber Pearl hatte keine Richtschnur ausgegeben, um diese Differenzen beizulegen, und Sunny mit ihrem feurigen Temperament kannte keine Richtlinien für Kompromisse. Verzweifelt darüber, dass sie mit Klagen bedrängt wurde, einerseits von Sunny und andererseits von ihren Schülern, forderte Pearl das Manuskript zurück, das sie *Step by Step we Climb* genannt hatte.[*]

Als ich eines Morgens bei Pearl saß, legte sie ein großes, in einfaches braunes Papier eingewickeltes Ding in meinen Schoß und sagte, „Ich übergebe dir das.".

„Was ist das?"

„Es ist das Manuskript. Du kannst damit machen, was du willst; gib es heraus oder wirf es in den Müll, nur dass ich nichts mehr davon höre."

„Wirklich?", fragte ich und war überwältigt, dass mir plötzlich eine Sammlung von Diskursen der Meister geschenkt worden war.

„Ja, und ich will nichts mehr davon hören", betonte sie.

---

[*] Deutsch etwa: Schritt für Schritt steigen wir hinauf [d. Übers.].

Zu dieser Zeit sah keiner von uns beiden voraus, welch eine Reihe von Geschehnissen diese Übergabe auslösen sollte. Da ich wusste, dass Pearl nicht handelte, ohne ihre ICH BIN-Gegenwart zu Rate zu ziehen, nahm ich an, dass die Herausgabe des Buches nun reibungslos verlaufen würde. Ich erkannte nicht, dass die Meister manchmal Dinge bewusst aufmischen, für einen höheren Zweck, den die Beteiligten nicht sehen können. Diese Erschütterung begann hier.

Pearl hatte es versäumt, Sunny und die anderen der Lektorats-Gruppe von Pearl Publishing, (Steve Bollock, Gene und Mary Duda, Bill Gaum, Leila Whitcomb, und andere) darüber zu unterrichten, dass sie das Manuskript mir als einzigem Verantwortlichen übergeben hatte, also flog ich an die Ostküste, um einen Verleger zu finden, in seliger Unwissenheit der Katastrophe, die sich anbahnte. Ich stellte die Bearbeitung fertig, was bis dahin im Wesentlichen die Korrektur der Zeichensetzung und Großschreibung umfasste, und flog nach Georgia, um bei der CSA Press in Lakemont vorstellig zu werden. Ich sah es als glückverheißend an, als sie mir sagten, dass der Verlag auf einer Amethyst-Mine angesiedelt war.

Jedoch schützte mich diese Glückverheißung nicht vor dem, was sich dann ereignete, und was meine Beziehung zu Pearl für die nächsten Jahre wirkungsvoll beschädigte. Als Sunny hörte, dass das Buch ohne sie herausgegeben werden sollte, kontaktierte sie die Druckerei und sagte, ich hätte das Manuskript gestohlen. Unter Androhung eines Gerichtsverfahrens gaben sie es mir zurück. Trotz meiner Bitten, die Dinge richtigzustellen, informierte Pearl weder Sunny noch irgendjemanden aus der Gruppe darüber, dass sie mir alle Rechte abgetreten hatte, noch kontaktierte sie die Druckerei, um die Anschuldigung zu korrigieren. Da ich einer der Star-Schüler von Pearl war, mit vielen engen Freunden in der Gruppe (einschließlich Steve Bullock, auf den sich Pearl sehr stützte), schuf der dann folgende Streit Chaos – und in den nächsten Jahren begann sich die Gruppe um Pearl aufzulösen. Jahre später schrieb ich meine Autobiographie, *Adventures of a Western Mystic,* und Steve vermietete mir ein Zimmer in seinem Haus im Wald beim Saint Germain Amphitheater.

Dies war die Art und Weise des Meisters, eine Struktur aufzulösen, die ihren Zweck erfüllt hatte, und jeden Einzelnen dazu zu ermächtigen, hinauszugehen und die Lehre anzuwenden, die er zu Pearls Füßen sitzend gelernt hatte. Dies hatte auch Pearl frei gemacht, um Mount Shasta zu verlassen, ein Schritt, der ihr Zeit gab, um sich auf ihren Aufstieg vorzubereiten.

Step by Step We Climb sollte schließlich 1977 von einer kleinen Druckerei in Happy Camp westlich von Yreka herausgegeben werden. „I AM" the Open Door*, das kleine Buch mit Diskursen, die mir die Meister gegeben hatten, sollte im gleichen Jahr veröffentlicht werden. Ironischerweise hatte sich nach der schmerzvollen Trennung von Mrs. Ballard, durch die Pearl gegangen war, nun der Kreis geschlossen. Ebenso wie Mrs. Ballard ihr Buch „I AM" America's Destiny* verworfen hatte, verwarf nun Pearl das Buch, das mir von den Meistern gegeben worden war.

Zerrissen von diesem Konflikt, bekam Pearl eine schmerzhafte Gürtelrose, und ich litt unter den Gerüchten, die in der Stadt umgingen. Um dem Strudel zu entkommen, zog ich zehn Meilen weg, zu Freunden in Weed. Ich hatte nie verstanden, wie die Meister diesen Konflikt arrangiert hatten, um einen höheren Zweck zu erreichen. Sunny verstarb einige Jahre später, die Heilung für Pearl und mich kam einige Jahre danach durch die spirituelle Erkenntnis eines jungen Mannes namens Bill Gaum, der Pearl und Jerry half, ihren Übergang zu vollziehen.

Eines Tages, 1982, waren Pearl und Jerry auf einer ihrer langen Fahrten durch das Land um Mount Shasta herum. Pearl sagte, dass

---

* Peter Mt. Shasta, *ICH BIN die offene Tür*, ch.falk, 2012.
* Dt.: „ICH BIN" Amerikas Schicksal [d. Übers.].

sie oft Licht in die Erde leiteten oder es für die Menschen anriefen, die in den Städten lebten, durch die sie fuhren. Auf ihrem Heimweg beschlossen sie, in Yreka anzuhalten, vierzig Meilen im Norden, und als sie in die Stadt abbogen, hörte Pearl die Stimme ihrer ICH BIN-Gegenwart sagen, „Ein Haus mit zwei Schlafzimmern, kaufen, nicht mieten." Sie hatte Yreka nie gemocht, da diese Stadt über den stillgelegten Grubenschächten aus der Zeit des Goldabbaus erbaut worden war. Jedoch wusste sie besseres zu tun, als sich mit ihrem Höheren Selbst zu streiten und sagte Jerry, was sie gehört hatte, und sie kauften eine Zeitung, um zu sehen, was zu haben war.

Jerry entdeckte im Immobilienteil einen Eintrag, der interessant zu sein schien, also riefen sie den Verkäufer an. Es stellte sich heraus, dass es dem Besitzer von Nature's Kitchen gehörte, ein Bioladen und Restaurant, das eines von den Lichtblicken in dieser Stadt war. Sie schauten das Haus an und beide hatten das Gefühl, dass sie zum Zuge kommen sollten. Als sie wieder im Nature's Kitchen waren und mit dem Eigentümer sprachen, hörte Pearl, „Schreib jetzt den Scheck aus." Sie sagte es Jerry, der Pearls Intuitionen mittlerweile vertraute, und er schrieb den Scheck aus und gab ihn dem Eigentümer. Als sie sich gerade einvernehmlich die Hände schüttelten über das abgeschlossene Geschäft, kam ein Mann herein und verkündete, „Ich habe mich schließlich entschlossen, Ihr Haus zu kaufen, hier ist der Scheck." Aber die Eigentümer sagten ihm, dass er zu spät kam.

Pearl und Jerry zogen in das Haus, das in einer ruhigen Seitenstraße lag. Einige Schüler pilgerten gelegentlich immer noch zu ihr, aber sie hatte nun zunehmend mehr Zeit für ihre innere Arbeit. Da Jerry nun im Ruhestand war, hatte auch er mehr Zeit zur Verfügung und ging in der Umgebung der Stadt spazieren. Er vermisste jedoch die Aktivitäten von Mount Shasta.

Da Pearl nun nicht mehr so viel ihrer Zeit und Energie den Dutzenden von Leuten geben musste, die sie jeden Tag besucht hatten, konnte sie nun an ihrem eigenen Aufstieg-Prozess arbeiten. Viele, die ihre Hände hielten, berichteten, dass sie zunehmend ätherischer erschien – als spürten sie kaum ihre Berührung. Mit diesem Anstieg der Schwingungsrate merkte sie, dass ihre Ernährung unmittelbar von der Quelle kam und sie nichts mehr zu essen brauchte. Allmählich brauchte sie nicht mehr mit ihrer ICH BIN-Gegenwart zu kommunizieren, um Führung zu erhalten, denn sie begann sich mit ihr im Bewusstsein zu vereinigen.

Zwei Jahre später zogen Sie plötzlich nach Fort Jones, in das Tal westlich von Yreka. Es war eine Führung, die Pearl und Jerry überraschte, da sie es sich in Yreka bequem gemacht hatten, aber sie vollzogen den Umzug trotzdem, ohne dass die Meister eine Erklärung abgegeben hatten. Während dieser Zeit kam Bill Gaum, der Pearl früher bereits begegnet war, zu Besuch. Er hatte vor kurzem mit einem Magister in Verwaltungslehre mit Schwerpunkt Außenpolitik abgeschlossen, und kam gerade von einem Praktikum bei einem U.S.-Kongressmitglied in Washington, DC. Vor der Bewerbung für eine Stelle bei der Regierung, wollte er sich mit Pearl beraten, und durch sie mit den Aufgestiegenen Meistern. Zu seiner großen Überraschung kam die Führung unmittelbar zu ihm; er solle sich nicht bei der Regierung um eine Anstellung bemühen, sondern Pearl und Jerry seine Unterstützung anbieten. Sie waren nun fast Achtzig, und brauchten zunehmend Hilfe. Bill dachte, es wäre eine vorübergehende Aufgabe, aber sie wurde zu einem Dienst, der ihn für die nächsten sechs Jahre in Anspruch nehmen sollte.

Da Bill mehr und mehr Zeit mit ihnen verbrachte, er war fast wie ein Enkel, bot ihm Jerry an, in dem Camping-Bus zu wohnen, den sie vor der Garage abgestellt hatten. Als sie ihn eines Tages ein Stück von der Garage wegfahren wollten, um die Tür des Camping-Busses öffnen zu können, stellten sie fest, dass die Batterie leer war und der Motor nicht mehr ansprang. Sie war so leer, dass nicht einmal mehr die Lichter angingen.

Als Bill und Jerry im Führerhaus saßen und sich überlegten, was zu tun sei, kam Pearl heraus und fragte, „Was habt ihr für ein Problem?"

„Die Batterie ist leer", sagte Jerry.

„Nun, bleibt mal, wo ihr seid, und ich schaue mal, was ich tun kann", Sagte Pearl zuversichtlich.

Jerry zuckte mit den Schultern, als ob er sagen wollte, ein Versuch kann ja nicht schaden, und er und Bill schauten zu, wie Pearl vor dem Auto stand und beide Hände auf die Motorhaube legte. Nach einem Augenblick des Schweigens sagte sie, „Okay, probiert mal."

Sobald Jerry den Zündschlüssel gedreht hatte, heulte der Motor auf. Jerry wandte sich Bill zu und sagte mit seinem ironischen Sinn für Humor, „Sie hat immer noch recht viel Kraft."

Nachdem sie den Camper weiter von der Garage weggefahren hatten, konnte Bill nun sein Schlafzimmer im Inneren betreten. Es war keine vornehme Eigentumswohnung in Washington, und auch kein Job im Zentrum der Regierungsmacht, für die er so viele Jahre studiert hatte, aber es war ganz klar ein Dienst im Auftrag der Großen Weißen Bruderschaft.[49]

Während ihrer Zeit in Fort Jones, das 1851 Schauplatz des Massakers am Stamm der Shasta-Indianer gewesen war, erkannte Pearl, dass sie dorthin entsandt worden war, um jenen Seelen dieses Stammes, die noch erdgebunden waren, zu helfen, ihre Freiheit zu erlangen. Es gab dort auch Wesen eines früheren Zeitalters, die im Astralreich gefangen waren, an deren Befreiung sie arbeitete. Sie saß in ihrem Bett, redete mit diesen Seelen, von manchen auch Geister genannt, hörte sich ihre Sorgen an und führte sie dem Licht zu. Sie rief die Engel der Violetten Flamme und Erzengel Michael an, das noch verbliebene Karma dieser Seelen zu erlösen und sie in eine höhere Dimension zu erheben, wo sie ihre Evolution fortsetzen

---

[49] In der Großen Weißen Bruderschaft sind, ungeachtet des Namens, auch Frauen sowie verschiedene Rassen. Sie wird auch *Große Loge* oder *die Hierarchie* genannt.

konnten. Nach etwa einem Monat in Fort Jones erkannte Pearl, dass ihre Arbeit dort getan war und es an der Zeit war, nach Hause zu gehen. Bill half ihnen packen, und bald waren sie wieder in Yreka.

Gelegentlich kamen Besucher aus Mount Shasta oder von Oregon heruntergefahren, um Pearl zu besuchen, obwohl die Anzahl viel geringer geworden war. Viele der früheren Schüler schauten weiterhin vorbei, aber es gab auch einige neue Schüler, die von Pearls Verbindung zu den Meistern gehört hatten und davon, wie das Leben der Menschen in ihrer Gegenwart verändert worden war. Viele kamen einfach nur, um in ihrer Nähe zu sein und die Liebe zu fühlen, die sie ausstrahlte.

Eines Tages kamen einige Damen, die professionelle Hellseherinnen waren, und als Pearl sie fragte, warum sie gekommen waren, sagten sie, „Da wir Sie schon seit Jahren channeln, wollten wir Sie endlich mal besuchen."

Pearl und Bill dachten, das sei ein Scherz, da Pearl jahrelang gelehrt hatte, dass das Channeln üblicherweise das Produkt des undisziplinierten Ego war, in Verbindung mit einer überaktiven Einbildungskraft, wenn nicht sogar der Besetzung durch eine entkörperte Entität (Geist). Sie sagte, dass die Meister betonten, dass das Channeln eines Meisters, wenn es denn überhaupt jemand vermag, nicht zur Meisterschaft führt. Diese kann nur durch Überwindung des niederen Selbst erlangt werden, durch Disziplinierung des Geistes und des Ego.

Eines Tages im Jahre 1986, begann Pearl eine Beschleunigung ihrer Schwingungsrate zu bemerken, ein Anhebungs-Prozess, in dem sie spürte, dass sie die Erde verließ. Sie hatte einen Telefonanruf bekommen, dass ihr Zwillingsstrahl, Bob, im Schlaf hinübergegangen war, und sie erkannte, dass sie aufgrund ihrer Einheit an seinem Aufstieg teilgenommen hatte. Dieser Vorgang dauerte drei Tage lang an, aber danach war Pearl nicht mehr dieselbe. Sie war noch ätherischer und brauchte nicht mehr zu essen oder zu schlafen.

Bald sollte Pearl einen weiteren Schock erleiden, als Jerry einen Herzanfall hatte. Sie saß im Krankenhaus von Yreka bei ihm, hielt seine Hand und wusste, dass er seinen Übergang vollzog. Im Moment seines Überganges schaute er Pearl in die Augen und sagte, „Du bist so schön." Er wiederholte das mit großer Bewunderung in seinen Augen und verließ dann seinen Körper.

Pearl sagte, dass Jerry sie geheilt hatte, und, durch seine Geduld, ihre spirituelle Entwicklung ermöglicht hatte. Seine Stärke, gepaart mit Sanftmut, hatte ihr geholfen, in diesem Leben Vollendung zu erreichen.

Kapitel 32

Die Offenbarung von Bill

Eines Abends, nachdem Pearl schlafengegangen war, verspürte Bill den Impuls, das Buch *„I AM" the Open Door* in die Hand zu nehmen, das Buch mit den Diskursen, die mir die Meister in ihren sichtbaren Lichtkörpern 1977 übermittelt hatten. Als Bill die ersten Zeilen von dem Großen Göttlichen Direktor zu lesen begann, fühle er die Strahlung der Meister durch sich strömen. Als er Pearl am Morgen erzählte, was er erlebt hatte, und dass er die Diskurse für authentisch hielt, gestand Pearl, dass sie das Buch nie gelesen hatte. Als Bill ihr es dann in die Hand drückte, wurde der Schleier in dem Drama, dessen Zweck nur die Aufgestiegenen Meister kannten, gehoben. Auch sie fühlte dann die Energie, die nur Aufgestiegene Wesen geben können, und sie sagte niedergeschlagen, „Oh, ich habe einen fürchterlichen Fehler begangen. Ich muss mich bei Peter entschuldigen."

Während ich in Mount Shasta in meinem Büro im ersten Stock saß, hörte ich, wie zwei Leute die knarrenden Stufen heraufstiegen.[50] Zu meiner großen Überraschung stand Pearl mit Bill an ihrer Seite vor mir. Nachdem sie sich gesetzt hatten, sagte Bill, „Pearl bat mich, sie hierher zu bringen, da sie etwas für dich tun will."

Pearl sagte, „Ich sehe, dass ich ein Unrecht begangen habe, und um das wieder gutzumachen, möchte ich gerne *„I AM" the Open Door* als Taschenbuchausgabe herausgeben, wenn es dir recht ist. Es trägt die Energie der Meister, und ich möchte es für die Menschen verfügbar machen.

---

[50] Dr. William S. Leonard, von der Pendragon Klinik, 630 N. Mt. Shasta Blvd. in Mount Shasta, hatte mir ein Büro zur Verfügung gestellt, wo ich Astrologie und Naturheilkunde praktizierte.

Während ich mich noch über ihr Angebot wunderte, lehnte sie sich nach vorne, nahm meine Hände und schaute mir in die Augen, wie sie es in der Vergangenheit immer getan hatte. Während dieser Sekunden wurde der alte Bund erneuert, und wir erkannten die ewige Liebe, die keiner Worte bedarf. Nach diesem zeitlosen Augenblick stand sie auf, und sie stiegen die Treppe hinunter, während Bill ihre Hand hielt.

Einige Wochen später fuhren wir zur Druckerei in Happy Camp, um die Herausgabe durchzusprechen, und nach einigen Monaten hielten wir die Taschenbuchausgabe in Händen. Es wurde bald ein metaphysischer Bestseller, und in diesen letzten Jahren ihres Lebens gab Pearl das Buch oft den Menschen, die sie besuchten.

Kapitel 33

Pearls Aufstieg

Während der letzten paar Jahre kam ich Pearl sogar noch näher, als vor unserer Trennung, vielleicht, weil ich nicht mehr ihr Schüler war, sondern ein Freund. Oft gingen sie, Bill und ich nach Mount Shasta zum Essen aus. Diese Treffen wurden gänzlich auf innerer Ebene arrangiert. Es gab keine Telefonate. Ich sah einfach das Gesicht von Pearl vor mir und fühlte den Impuls, rauszugehen und dann hielt Bills Auto gerade am Bordstein, oder ich ging die Straße entlang, und ihr Auto hielt am Straßenrand an. Wir gingen oft zum Lalo's Mexican Restaurant und bestellten eine Platte *Huevos Rancheros* für drei Personen. Bill aß die Bohnen und den Reis, und ich aß die Eier und die Tortillas. Wenn Bill Pearl aufforderte, sie solle etwas essen, legte sie ein Blatt Salat auf ihren Teller und knabberte einige Male daran. Einmal kam die Bedienung zum Tisch, und als sie sah, dass Pearl nichts gegessen hatte, fragte sie beunruhigt, „Möchten Sie noch etwas essen?"

„Nein danke, ich habe seit zwei Jahren nicht gegessen"; antwortete Pearl.

„Aber sind Sie nicht hungrig?", fragte die Bedienung erschrocken. „Wie können Sie leben?"

„Ich lebe von der Liebe", antwortete Pearl lächelnd.

Die Bedienung ging erschüttert fort.

Die Meister boten Pearl während der letzten drei Jahre ihres Lebens dreimal ihren Aufstieg an. Einmal, während sie vor einer Gruppe in ihrem Heim war, und ein andermal nach einem Schlaganfall zwei Tage nach Weihnachten, 1987. Jedes Mal sagte sie, „Ich werde in diesem Körper bleiben, solange es jemanden gibt, dem ich helfen kann." Schließlich drängten die Meister sie jedoch, sie solle Vorbereitungen treffen, die sie nicht länger aufschieben könne, und am 9. August 1990 gab sie Bill bekannt, „Ich beginne nun mit dem Aufstieg, und die Großen helfen mir."[51] Sie beschrieb eine Zeremonie, die in einer höheren Dimension stattfand, in der sie im Reich der Aufgestiegenen Meister empfangen wurde. Der Vorgang des Aufstiegs dauerte bis in den Oktober hinein, während dessen wurde sie in ihrem Höheren Mentalkörper zunehmend bewusster. Eine Woche vor ihrem Verscheiden saß eine Gruppe an ihrem Bett und hörte schöne melodische Töne und die Gruppe wurde von einem Lichtring umschlossen. Dieser Aufstiegsvorgang war schließlich am frühen Morgen des 19. Oktober 1990 abgeschlossen, als sie die letzte Verbindung zu ihrem physischen Körper durchtrennte. Bill war als einziger anwesend, und er sagte später, dass das Haus in Licht getaucht zu sein schien. Wie sie gebeten hatte, gab es keine Beerdigung, sondern ihr Körper wurde drei Tage lang aufgebahrt und dann eingeäschert. Eine Gruppe ihrer früheren Schüler trat am 21. Oktober in ihrem Heim zusammen, einen Tag, nachdem sie 85 geworden wäre, um ihre Dankbarkeit zum Ausdruck zu bringen. Bill sagte, es war die kraftvollste Gruppenmeditation, die er je erlebt hatte.

Ich hatte Pearl im August besucht, war aber zur Zeit ihres Ablebens in Arizona, wo meine Tochter gerade geboren worden war. Ich hatte immer angenommen, dass am Himmel Regenbogen erscheinen würden, wenn sie ihren Körper verlässt, wie es häufig beim Ableben von tibetischen Lamas geschieht. Oder ich träumte, wie sie von den Meistern inmitten eines Engelchors in höhere Ebe-

---

[51] Ich hatte die Einzelheiten des Scheidens von Pearl in *The Life and Teachings of Pearl Dorris, an American Saint,* von Bill Gaum gelesen, (Unveröffentlichtes Manuskript, Urheberrecht von Bill Gaum, 2001). Für weitere Informationen und Auszüge aus Pearls Büchern, siehe die Internetseite: www.manypathsleadtogod.com.

nen geleitet würde, aber ich habe nichts dergleichen erlebt. Zu meiner großen Enttäuschung hatte ich über ein Jahr lang keinen inneren Kontakt zu Pearl. Ich hatte nur den Bericht von Bill über ihre Beschreibung, wie sie in die Dimension der Aufgestiegenen Meister erhoben wurde. Dann begann sie gelegentlich in Träumen zu mir zu kommen, und in diesen Träumen gab sie zu verstehen, dass sie frei war, und nicht mehr in einer physischen Form zurückkommen müsse.

Im Jahr 2012 dann, zwei Jahre nach der Veröffentlichung von *Adventures of a Western Mystic: Apprentice to the Masters* (Teil II meiner Autobiografie), begann ich Einladungen von Gruppen zu bekommen, um über meine Erlebnisse mit den Meistern zu sprechen, und die Lehre, die sie gegeben haben. Während einer dieser Vorträge, die in Los Angeles stattfanden, auf der gegenüberliegenden Straßenseite der Universal Studios, fing eine Frau an, den Vortrag zu unterbrechen, und wollte anscheinend im Mittelpunkt der Aufmerksamkeit stehen. Plötzlich war Pearl neben mir, und ich fühlte ihre beruhigende Gegenwart, als sie mir sagte, wie ich mit dieser Frau umgehen sollte, was erforderte, dass ich so durchsetzungsfähig auftrat, wie ich es bei ihr gelegentlich gesehen hatte.

Als wir den Ort verließen, fuhren wir an den Universal Studios vorbei, wo Pearl, als sie in ihren Zwanzigern war, kurz eine Darstellerin in Stummfilmen gewesen war, und ich hörte sie sagen, „Nun verstehst du, womit ich in all den Jahren umgehen musste. In der Arbeit mit dem menschlichen Ego – das immer meint, alles besser zu wissen – begegnest du deinen größten Herausforderungen, und erreichst dabei aber auch das größte Wachstum."

Wenngleich sie sich nicht vor mir in physischer Form materialisiert hat, wie Saint Germain und Sai Baba es taten, bin ich mir ihrer Gegenwart oft bewusst, besonders in meinem Herzen, wo ihre Liebe als eine Kostbare Perle wohnt.

Auch ist es mit dem Himmelreich wie mit einem Kaufmann, der schöne Perlen suchte, und als er eine kostbare Perle fand, ging er hin und verkaufte alles, was er hatte, und kaufte sie.

— Matthäus 13:45

Anmerkung: Pearl ist vielen erschienen, die bei der Herausgabe dieses Buches mitgeholfen haben, und hat ihnen einen Segen oder andere persönliche Ermutigung gegeben. Ich fühle, dass dieses Buch einen Wendpunkt in ihrer Arbeit kennzeichnet, dass sie nun, nach 24 Jahren seit ihrem Übergang in den Aufgestiegenen Zustand, näher kommt, um denen zu helfen, die Schüler des Lichts sind. Sie scheint sich besonders um jene zu kümmern, die in weiblicher Verkörperung sind. Sie können sie um ihre Hilfe anrufen, indem Sie ihre Aufmerksamkeit nach innen wenden und fühlen, „ICH BIN die Gegenwart von Pearl".

NACHWORT

EINE ANMERKUNG ÜBER HISTORISCHE GENAUIGKEIT

Im Verlauf der siebzehn Jahre, in denen ich Pearl kannte, hörte ich viele ihrer Geschichten mindestens fünfzig mal. Jedoch erzählte sie sie nicht immer in der gleichen Weise, und gegen Ende ihres Lebens veränderten sich äußere Einzelheiten beträchtlich und ließen mich darüber im Zweifel, wann und wo bestimmte Ereignisse geschehen waren.

Eine längere Biographie wird von Bill Gaum geschrieben, dem Mann, der sich um Pearl und Jerry während ihrer letzten Jahre gekümmert hatte, und der Zugang zu ihren persönlichen Aufzeichnungen hat. Ich hatte das Privileg, dass Bill mir Zugang zu diesem noch in Arbeit befindlichen Werk gab, und habe versucht, es als Referenz zu zitieren, wo ich es angebracht fand; mein Bericht mag bezüglich Einzelheiten Ungenauigkeiten enthalten, für die ich mich entschuldige.

Ein Beispiel dafür, wie sich Pearls Schilderungen über die Jahre oft änderten, war ihre Geschichte darüber, wie sie gerügt worden war, als sie den Leuten vorgeschlagen hatte, zu sagen, „ICH BIN gut". Das war eine Geschichte, die sie oft wiedergab, und sie erzählte, wie „sie" zu ihr gesagt hatten, „Du kannst das nicht sagen". Zuerst sagte sie, dass hätte sich in der Schule zugetragen, also nahm ich an, dass „sie" sich auf ihre Lehrer an der High School bezog, später aber sagte sie „Auf dem College", so dachte ich, dass „sie" die Dekane des Business College in Los Angeles waren. Jahre später, als sie sagte „in der Klasse", erkannte ich schließlich, dass es die anderen Mitarbeiter der Saint Germain Foundation waren, die sie während eines Unterrichts tadelten, den sie in San Franzisco gehalten hatte.

Ungeachtet der äußeren Variationen der Schauplätze, bleibt doch der Kern der Erfahrungen davon unberührt; anstatt auf die Schilderung einer Begebenheit zu verzichten, weil ich mir der genauen Einzelheiten nicht sicher war, habe ich zusammengetragen, was ich vermochte, um das Wesentliche aus dem Leben einer außergewöhnlichen Frau festzuhalten – einer, die das Leben vieler Menschen veränderte, und die auch die Art und Weise veränderte, wie im Westen esoterische Lehren gegeben werden. Sie hat nie für sich selbst geworben, noch hat sie jemals jemanden abgewiesen, der zu ihr gefunden hatte. Sie war eine Durchschnittsfrau, eine gewöhnliche Person, die Ihre Großmutter hätte sein können; doch da sie vom Inneren Christus-Licht ermächtigt worden war, hat sie alle gesegnet, die sie traf, einfach durch die Kraft ihrer Liebe.

Im Westen sind die wahren Lehrer fast vollkommen unbekannt. Selbst wenn man einen fände, so müsste man sein Wissen aus ihm herauspressen.

– Sathya Sai Baba

WEITERE BÜCHER VON PETER MOUNT SHASTA

ICH BIN die offene Tür. 14 Reden der Aufgestiegenen Meister über den Gott im Innern, Ch.falk-Verlag, 2012.

Amerikanischer Titel:

„I AM" the Open Door, Pearl Publishing, 1978.

Abenteuer eines Westlichen Mystikers

Band 1: Suche nach dem Guru, BoD, 2015.

Band 2: Im Dienst der Meister, BoD, 2015.

Amerikanischer Titel:

Search for the Guru. Prequel to *Adventures of a Western Mystic, Apprentice* to the Masters, Church of the Seven Rays, 2013.

Adventures of a Western Mystic: Apprentice to the Masters, Church of the Seven Rays, 2010.

ICH BIN Affirmationen und das Geheimnis ihrer erfolgreichen Anwendung, BoD, 2015.

Amerikanischer Titel:

„I AM" Affirmations and the Secret of Their Effective Use, Church of the Seven Rays, 2012.

Möchten Sie mit Peter Mt. Shasta Kontakt aufnehmen, besuchen Sie bitte seine Internetseite und seinen Blog unter: www.ich-bin-lehre.com.

LITERATURVERZEICHNIS

Josef S. Benner, The Impersonal Life, [1914], dt.: *Das unpersönliche Leben*, dem Wahren-Schönen-Guten, 2015.

Baird T. Spalding, *Life and Teaching of the Masters of the Far East*, [1935 und 1953], dt.: *Leben und Lehren der Meister im Fernen Osten*, Bd. 1-5, Schirner, 2011 (Bd. 1-3), 2004 (Bd. 4-5).

Manly P. Hall, *The Secret Teachings of all Ages*, [1928], Dover Occult, 2011.

Godfre Ray King, *Unveiled Mysteries* [1934], dt.: *Enthüllte Geheimnisse*, Starczewski, 1993.

Christian D. Larson, *Your Forces and How to Use them*, [1910], Createspace, 2008; *On the Heights*, [1908], Nabu Press, 2010.

Godfre Ray King, The Magic Presence, [1935], dt.: *Die Magische Gegenwart*, Starczewski, 2015.

Pearl Diehl, Robert LeFevre, *"I AM" America's Destiny*, Twin City House, 1940.

Pearl Dorris, *Step by Step We Climb*, M. S. Princess, 1977;

Step by Step We Climb to Freedom, M. S. Princess, 1981; *Step by Step We Climb to Freedom and Victory*, M. S. Princess, 1983.

Paramahansa Yogananda, *Autobiography of a Yogi*, [1946], dt.: Autobiographie eines Yogi, Self-Realization Fellowship, 1998.

George Adamski, Desmond Leslie, *Flying Saucers Have Landed*, British Book Center, 1953; dt.: *Fliegende Untertassen landen*, Europa, 1954.

Wendelle Stevens, *UFO Contact from the Pleiades: A Preliminary Investigation Report*, with Lee Elders, Genesis III, 1980.

John Welwood, *Toward a Psychology of Awakening: Buddhism, Psychotherapy and Path of Personal and Spiritual Transformation* [2000]; dt.: *Psychotherapie & Buddhismus: Der Weg persönlicher und spiritueller Transformation*, Arbor, 2010.

Robert Augustus Masters, *Spiritual Bypassing: When Spirituality Disconnects Us from What Really Matters*, North Atlantic Books, 2010.

Alice A. Bailey, *The Rays and the Initiations*, [1960], dt.: *Die Strahlen und die Einweihungen*, Lucis, 1994.

Juan Hunu, *Mount Shasta Myths Exploded: Adama, Sananda and the Recent City of Telos*, www.smashwords.com, 2012.

Bill Gaum, The Life and Teachings of Pearl Dorris, an American Saint, unveröffentlichtes Manuskript, 2001.

Zu Bill Gaum siehe: www.manypathsleadtogod.com.